मक़बूल फ़िदा हुसेन

राजकमल प्रकाशन से प्रकाशित **अखिलेश** की अन्य कृतियाँ :

मक़बूल (मक़बूल फ़िदा हुसेन की जीवनी)

अचम्भे का रोना (कला-लेख)

आप-बीती (मार्क शागाल की आत्मकथा)

दरसपोथी (कला-लेख)

अखिलेश : एक संवाद (पीयूष दईया)

देखना (संस्मरण व अन्य लेख)

शीर्षक नहीं (कला-लेख)

मक़बूल (राहुल सोनी के अंग्रेजी अनुवाद में आत्मकथा)

# मक़बूल फ़िदा हुसेन

अखिलेश

राजकमल प्रकाशन

ISBN : 978-81-267-2976-0

**मूल्य :** ₹450



**पहला संस्करण :** 2017

**प्रकाशक :** राजकमल प्रकाशन प्रा. लि.
1-बी, नेताजी सुभाष मार्ग, दरियागंज
नई दिल्ली-110 002

**शाखाएँ :** अशोक राजपथ, साइंस कॉलेज के सामने, पटना-800 006
पहली मंजिल, दरबारी बिल्डिंग, महात्मा गांधी मार्ग, इलाहाबाद-211 001
36 ए, शेक्सपियर सरणी, कोलकाता-700 017

वेबसाइट : www.rajkamalprakashan.com
ई-मेल : info@rajkamalprakashan.com

**मुद्रक :** बी.के. ऑफसेट
नवीन शाहदरा, दिल्ली-110 032

MAQBOOL FIDA HUSAIN
*by* Akhilesh

मेरे बड़े भाई देवेश के लिए, जिनके कारण मैं वह सब कर सका जो मुझे प्रिय था

# दो शब्द

मक़बूल फ़िदा हुसेन समकालीन भारतीय चित्रकला के अकेले ऐसे उदाहरण हैं जिन्होंने समकालीनता को अन्तरराष्ट्रीय पहचान दिलवाई और जीवन भर इस दिशा में काम किया। प्रस्तुत पुस्तक में संग्रहीत लेख उनकी इसी जीवटता, समर्पण, दूरदृष्टि और अथक परिश्रम को रेखांकित करते हैं। वे न सिर्फ़ सक्रिय रहे बल्कि उन्होंने अनेक चित्रकारों को प्रेरित भी किया। युवा चित्रकारों के लिए आज भी वे प्रेरणा स्रोत हैं। उनकी चुम्बकीय उपस्थिति, उनका बेफिकराना अन्दाज़, उनके सरोकार आदि सभी इतने व्यापक और पारम्परिक रहे कि उनमें आधुनिकता अपने उच्चतम रूप में प्रकट होती है। हुसेन के चित्रों को यदि एक वाक्य में परिभाषित किया जाय तो वह कुछ इस तरह का हो सकता है— ''परम्परा अपनी आधुनिकता को हुसेन के चित्रों में सहजता से प्रकट करती है।''

हुसेन पर लिखे गए इन लेखों को एक जगह एकत्र करने के पीछे मेरी मंशा यह भी रही है कि अलग-अलग समय पर अन्यान्य कारणों से लिखे गए इन निबन्धों में हुसेन की बहुमुखी प्रतिभा का स्वाद पाठकगण ले सकें।

हुसेन निश्चित ही देश-काल, धर्म-विधर्म से परे अपनी रचनात्मकता में डूबे एक सच्चे कलाकार थे जिन्होंने जीवन भर अपने को कसौटी पर कसा रखा। वे सक्रियता के पर्याय थे।

मैं उन सभी मित्रों का आभारी हूँ जो इन लेखों को सुनते, पढ़ते रहे और मेरी हौसला अफ़ज़ाई करते रहे।

मैं अर्चना के प्रति कृतज्ञ हूँ जिसके सहयोग बिना मेरा लेखन मुक़ाम नहीं पा सकता।

खास तौर पर मैं युवा कवि, सम्पादक और सहृदय मित्र पीयूष दईया का आभारी हूँ जिन्होंने इस पुस्तक को आप तक पहुँचाने में मेरी मदद की।

—अखिलेश

# अनुक्रम

# 'लो, वो दिखाई पड़े हुसेन'

(1)

**मैं ख़ामोश कदम की आहट हूँ, कान धरो तो सुन पाओ।**

मक़बूल फ़िदा हुसेन (बाबा) से मिलना पूरी एक सदी से मिलने जैसा है। उनके साथ अनेकों मुलाक़ातें हैं। इन मुलाक़ातों की बहुत सी स्मृतियाँ हैं जिनमें उनके काम करने के ढँग आदि भी याद आते हैं। वे ज़्यादातर समय अपने कामों में मुब्तिला रहते। शायद ही कोई मुलाक़ात ऐसी हो जब वे चित्र बनाते हुए न मिले हो या ऐसी एक दोपहर या शाम या सुबह न गुज़री हो जिसमें उन्होंने चित्र न बनाया हो। यह सोच पाना असम्भव सी बात लगती रही है कि वे चित्र नहीं बना रहे हैं। वे जब गजगामिनी बना रहे थे, तब भी सेट पर एक स्टूडियो बना रखा था, जहाँ वे शूटिंग के बीच चित्र बनाने का समय निकाल लेते थे। अन्य चित्रकारों के

साथ मेरा जो अनुभव रहा है उसमें सभी का काम करने का जुदा ढँग है। हुसेन एकदम निराले हैं। उन्होंने अपने को पूरी तरह से चित्र बनाने के लिए समर्पित किया हुआ है। वे एक सच्चे, सुलझे और सम्पूर्ण चित्रकार हैं।

एक चित्रकार के बतौर मेरा उनके साथ 1974 से सम्बन्ध बनना शुरू हुआ, वे इन्दौर आए हुए थे। मैं महाविद्यालय में पढ़ रहा था। हमें पता चला हुसेन साहब इन्दौर में हैं। हमने आनन-फानन एक समूह चित्र-प्रदर्शनी आयोजित करने की योजना बनायी और इसके उद्घाटन के लिए हुसेन को आमन्त्रित किया। उनका आकर्षक व्यक्तित्व और सम्मोहक उपस्थिति हमारे लिए इस प्रदर्शनी को एक यादगार घटना में बदल कर चली गयी। उनकी उपस्थिति दोनों तरह से एक साथ है—आप उन्हें इन्सान और कलाकार की तरह अलगा नहीं सकते। वे बेहतर इन्सान होने के साथ साथ विलक्षण चित्रकार हैं। आपको दोनों हमेशा साथ ही देखने को मिलते हैं। वे प्रदर्शनी के उद्घाटन के तत्काल बाद कह सकते हैं कि चलिए, हम लोग चाय पीने चलते हैं। बम्बई बाज़ार की कोई एक छोटी-सी चाय की दुकान, उनके ज़माने के दिनों की चाय की दुक़ान वहाँ ढूँढेंगे-खोजेंगे, पाएँगे और हम लोग चाय पीएँगे। वापस प्रदर्शनी में लौट आएँगे। इस तरह का उनका व्यक्तित्व है, जिसमें कुछ भी महत्त्वपूर्ण नहीं है और सभी का महत्त्व है। उनकी उपस्थिति शालीन, शाईस्ता और बहुत ही ज़िंदा है। हर पल धड़कती हुई। हर पल उसमें कुछ न कुछ अनपेक्षित हो रहा है जिसकी कल्पना नहीं की जा सकती।

एक और बार, कॉलेज में अचानक वे आए और उन्होंने महाविद्यालय को एक चित्र बनाकर देने की इच्छा ज़ाहिर की। ताबड़तोड़ हम लोगों ने एक कैनवास जुटाया। हुसेन ने चित्र बनाना शुरू किया। चित्र उन्होंने कैनवास के निचले हिस्से से शुरू किया। उनके आकारों में शृँगारिक भाव/erotic feeling था/थी। बन रहा चित्र कामोत्तेजक नज़र आ रहा था। धीरे धीरे वह पूरा होता गया। पता चला, गणेश का चित्र है। उस चित्र में ज़रा भी उत्तेजकता नहीं थी। मगर उनकी approach व चित्र बनाने की शुरुआत ऐसी थी जिस पर किसी को भी लग सकता था कि ये क्या बना रहे हैं। यह हुसेन ही हैं जो इस तरह से अपने चित्रों की कल्पना कर पाते हैं। वे कहीं से भी शुरू कर कहीं भी ले जा सकते हैं। वे कोई भी आकार प्रकार, रंग, रेखा को किसी भी रूप में बदलने की क्षमता रखते हैं। ऐसे अनेकानेक क़िस्से हैं जो हर मुलाक़ात पर नये तरह से घटित होते हैं। नये ढँग से हुसेन के बारे में पता चलता है। तब यह जान पाते हैं कि रचनात्मकता का कोई बना-बनाया स्वरूप नहीं है। इस वक्त भी पिचानवें साल की उम्र में वे जिस स्फूर्ति व गति से चित्र बना रहे हैं वह साधारण तौर पर किसी चित्रकार के लिए सम्भव नहीं है। मेरे लिए तो बिल्कुल सम्भव नहीं है। यह करिश्मा हुसेन के भीतर ही है। उन्हीं के लिए है। इस उम्र में उनकी स्मृति, विनोदप्रियता पूर्ववत् है, वैचारिक प्रखरता मजबूत है, उसे हिलाया नहीं जा सकता। विचारों का साझा ज़रूर कर सकते हैं, पर वे बदले नहीं जा सकते।

(2)

अपने आरम्भिक दिनों में हुसेन को लेकर मन में दो तरह के प्रभाव थे। एक उन्हें ख्यातनाम चित्रकार की तरह जानने का था, दूसरा यह कि वे हमेशा नंगे पैर चलते हैं। यह अपने में विरोधाभासी बात थी। इन बातों से उनके प्रति एक आकर्षण मन में था। जब उन्हें हुसेन की तरह जानने लगा तब वे एक रोज़ घर आये। मैंने सबसे पहले उनके पैर ही देखे कि उन्होंने चप्पल पहने हैं या नहीं। उनके पैर नंगे थे। उसके बाद मैं अपने मित्रों सहित इन्दौर में उनके साथ तीन दिन तक लगातार घूमता रहा था। हम लोग चप्पल, जूते पहने रहते थे मगर वे सहज ही बिना चप्पल या जूतों के रहते। उस वक्त उनके चप्पल न पहनने को लेकर एक और घटना हुई। वे पद्मश्री लेने राष्ट्रपति के सामने बग़ैर चप्पल पहने चले गये थे। प्रेस ने हल्ला मचाया कि यह आचार संहिता के ख़िलाफ़ है। राष्ट्रपति का अपमान है। वग़ैरह। हमें बाद में पता चला कि उन्होंने सन् 1964 में मुक्तिबोध की शवयात्रा में चप्पल पहनना हमेशा के लिए त्याग दिया था। मुक्तिबोध के साथ उनकी दोस्ती का सम्बन्ध था, उन्होंने मित्र की याद में एक चीज़ छोड़ दी थी। कभी इस पर पलट कर विचार नहीं किया। एक बार उन्होंने एक खेल किया। यह क़िस्सा उन्होंने मुझे सुनाया, "मैंने एक दिन एक पैर में सफ़ेद जूता पहना दूसरे में काला और अपने सारे चित्रकार मित्रों के घर गया। किसी ने भी ध्यान नहीं दिया। जाते वक्त मुझे ही बताना पड़ता था कि देखो, मैंने जूते पहने है। एक काला, एक सफ़ेद।" इसके पीछे उनका विनोदी स्वभाव भी काम कर रहा था। क़िस्से में मज़ेदार बात यह है कि वे जिन के घर गये, वे सब चित्रकार थे, जिनके लिए 'देखना' महत्त्व रखता है और किसी ने भी देखा नहीं। इनमें हमारे ख्यातनाम चित्रकार भी हैं। वे क़िस्सागोई में माहिर हैं। यह भी एक क़िस्सा सा बन जाता है जब वे सफ़ेद-काला जूता पहन सबके घर चले जाते हैं। हुसेन अगर एक बड़े चित्रकार नहीं होते तो निश्चित बड़े लेखक होते। क़िस्सागोई में उनकी अपनी रुचि है। वे उसे अपने ढँग से बुनते और सँवारते हैं। ऐसे बहुत सारे पोस्टकार्डस् उन्होंने अपने दोस्तों को लिखे हैं जिसमें वे एक क़िस्से को बयां कर रहे हैं। दोस्तों को लिखे इन पोस्टकार्ड में शब्द ही नहीं, चित्र भी होते हैं।

(3)

उन दिनों हम महाविद्यालय में पढ़ रहे थे। इच्छा यह होती थी कि आगे जाकर हुसेन जैसा ही मुकाम हासिल हो। वे प्रेरणा-स्त्रोत भी थे। आदर्श भी। उन्हीं दिनों हमारा ध्यान उनके चित्रों की तरफ़ जाना शुरू हुआ।

उनके चित्र हिन्दुस्तानी साँस्कृतिक पृष्ठभूमि से उपजे थे। उन दिनों चित्रों की गहराई को हम लोग नहीं समझ पाते थे लेकिन उनका आर्कषक व्यक्तित्व हम पर हावी रहता था। चित्र हम लोग देखते थे और न समझते हुए वापस देखते थे। बस देखा करते थे। उन्हें ध्यान से देखना ही काम था। मेरे घर में उनकी दो-तीन किताबें थी। उनकी शुरुआती किताबें। उसमें उनके रेखांकन, कोलाज, चित्र आदि थे। मैंने कभी उन चित्रों की नक़ल करने का प्रयास नहीं किया। उनके चित्रों की रेखाओं और उनके बारे में जो पढ़ाया जाता था, उस सबसे प्रभावित होता था, लेकिन ऐसा कभी नहीं लगा कि उनके चित्रों की नक़ल करनी चाहिए जबकि मेरे साथ के बहुत सारे मित्र और हमारे पहले के चित्रकार मित्र सब हुसेन की भरपूर नक़ल करते थे। हुसेन के बनाये घोड़े चित्रकला संसार में प्रसिद्ध थे। इन्दौर में चित्रकारों की अच्छी ख़ासी संख्या थी जो सिर्फ़ घोड़े ही बनाते थे और हुसेन साहब की हूबहू नक़ल करने की कोशिश करते थे या उनसे थोड़ा बहुत हट कर बनाने की कोशिश करते थे, किन्तु वे बनाते घोड़े ही थे। ज़ाहिर है कि ये घोड़े उनके अपने देखे हुए घोड़े नहीं थे इसलिए वे मरे हुए घोड़े ही बने रहते। हुसेन के चित्रों में घोड़ों की ऊर्जा, स्फूर्ति और उनका विशिष्ट ढँग का चित्रण अत्यन्त आर्कषक था। हुसेन के घोड़ों की चित्रात्मकता उनके साँस्कृतिक सन्दर्भों से ओत-प्रोत थी। हुसेन के चित्रों में घोड़ों की शुरुआत इन्दौर में मुहर्रम के अवसर पर निकलने वाले ताज़ियों में सबसे आगे चलने वाले 'दुलदुल' घोड़े से होती है। घोड़ा उन के लिए गहरी आस्था के साथ ही साँस्कृतिक प्रतीक भी था। घोड़े के ऊपर शक्ति इत्यादि के अन्य चस्पां मूल्य भी इसमें शामिल थे। हुसेन का घोड़ा समुद्र मंथन से निकला 'उच्चैश्रवा' भी था और 'दुलदुल' भी। जबकि अन्य चित्रकारों के घोड़े हुसेन के घोड़ों की नक़ल मात्र थे। इसलिए वे एकदम बेदम थे। उन दिनों हुसेन का एक वाक्य हमें बहुत ही अच्छा लगता था। किसी ने उनसे पूछा, "आजकल आप क्या कर रहे हैं?" वे बोले, "मैं घोड़े बेच कर सो रहा हूँ।"

इन दिनों हुसेन की उपस्थिति हमें ज़्यादा आकर्षक लगती थी बजाय उनकी रचनात्मक उपस्थिति के। रचनात्मक उपस्थिति पर हमारा ध्यान पहली बार उस वक्त गया जब टाटा संस्थान से एक किताब छप कर इन्दौर कला महाविद्यालय में आई। यह किताब सम्भवतः हुसेन ने ही भिजवायी होगी अपने महाविद्यालय के लिए। हमारे महाविद्यालय के प्रधानाध्यापक चन्द्रेश सक्सेना ने हम कुछ विद्यार्थियों को अपने कमरे में बुलाया और यह किताब दिखाई। वह एक ख़ासी मोटी किताब थी। हम उस मोटी किताब के आकर्षण में ही उस किताब को देख रहे थे। एक के बाद एक चित्र और छाया-चित्रों से गुज़रते हुए 'between spider and lamp' नामक चित्र आया। सक्सेना सर ने हमें थोड़ा बहुत उसके बारे में बतलाया कि यह हुसेन का महत्त्वपूर्ण चित्र है और

इसे ध्यान से देखने की ज़रूरत है। हम लोगों ने थोड़ी देर उसे देखा। यह ध्यान से देखना हमारे किसी काम का नहीं था। हम लोग नहीं जानते थे कि क्या देख रहे हैं। हम लोगों को यह भी नहीं पता था कि यह वह चित्र है जिसने हिन्दुस्तान की समकालीन कला की धारा तय की है। हमने पन्ना पलटना चाहा। सक्सेना सर ने कहा–ध्यान से देखें, इस चित्र में गाली लिखी हुई है। चित्र में ऊपर की तरफ़ कुछ अक्षर और संकेत चित्रित थे। हमने सोचा कि इतना बड़ा चित्रकार इसमें गाली क्यों लिखेगा? फिर उस गाली ढूँढ़ने के उत्साह में चित्र को ध्यान से देखना शुरू किया। यह नियम-सा बन गया था कि सुबह महाविद्यालय आते और सक्सेना सर के कमरे में जाकर उस चित्र को देखते हुए उसमें अलिखित गाली ढूँढ़ते। गाली ढूँढ़ने में इस चित्र से मेरा एक सम्बन्ध बनने लगा। उस चित्र में वे संकेत दिखाई देने लगे जो हुसेन को हुसेन की तरह स्थापित करते थे। हुसेन की चित्र-भाषा स्पष्ट होने लगी। मैं कभी उस चित्र में गाली नहीं ढूँढ़ पाया। वह चित्र मेरी स्मृति में बस गया था। बरसों बाद हुसेन से इस पर बात हुई। मैंने कहा, ''उस चित्र में ऊपर की ओर आपने कुछ अक्षर लिखे हैं और सक्सेना सर का कहना है कि आपने गाली लिखी है। आप ने क्या लिखा है?'' उन्होंने कहा, ''उस वक्त मेरी तीन प्रेमिकाएँ थी, उनके नाम के प्रथम अक्षर हैं।'' उस चित्र में वे महज़ उनकी प्रेमिकाओं के प्रथम अक्षर नहीं बल्कि संकेत थे। स्वामी कहते थे कि चित्र में कोई भी संकेत, संकेत भर नहीं रह जाता वह प्रतीक बन जाता है। वे प्रतीक बन चुके अक्षर थे। इस तरह के वहाँ चार-पाँच संकेत हैं जो प्रतीक बन जाते हैं। यहाँ से एक सम्बन्ध हुसेन के चित्रों के साथ बनना शुरू हुआ, जो गहराता गया। लगातार हुसेन की मौजूदगी से और मेरे पिता जो बतलाते थे उससे। यह दिखाई देना शुरू होने लगा कि हुसेन की इन आकृतियों का गहरा सम्बन्ध भारतीय शिल्प से है। गुप्त काल की मूर्तियों और चोला धातु शिल्प से है। भारतीय समकालीन लोक सँस्कृति से और कला की शुरुआत से है। आधुनिकता और भारतीय परम्परा से है।

मेरे साथ उनका सम्बन्ध गहराने के दो कारण हैं। वे मेरे पिता के अच्छे मित्र थे। दूसरा जब भी उनसे मिलना हुआ है बातचीत का विषय समकालीन चित्रकला संसार ही रहा है। किन्हीं दीगर चीज़ों में मेरी दिलचस्पी न होने के कारण मैं उनसे हमेशा उन विषयों को लेकर बात करता रहा हूँ जो मेरी अपनी समझ में चित्रकला के लिए महत्त्वपूर्ण हैं। मैंने कभी उनसे उन विवादों को लेकर बात नहीं की या इस तरह के विषयों को लेकर बात नहीं की जो फौरी हैं व कुछ समय बाद ग़ायब हो जाने वाले हैं। एक तरह की रचनात्मक बातचीत में ही उनके साथ सारा समय सुधरा है। कभी ऐसा नहीं हुआ कि समय काटने के लिए समय गुज़ारा हो।

## (4)

*A painter is surounded by forms, natural and mechinical, but his memory on which he relies holds the experience, the distilute of forms, in essence and in physical relationships.*

जब भी उनसे बात होगी वे यह पूछना नहीं भूलते कि काम कैसा चल रहा है, क्या कर रहे हो आजकल, कहाँ प्रदर्शनी चल रही है? उनकी चिन्ता मेरे अपने संसार में मैं क्या कर रहा हूँ, उसको लेकर रहती है। मुझे लेकर उनकी दूसरी चिन्ता भारत भवन की नौकरी रही। वे शुरू से कहते रहे कि ''छोड़ो इसे, यह तुम्हारा काम नहीं।'' जब भी मिलेंगे, पहले यही पूछेंगे, ''तुम नौकरी कब छोड़ रहे हो?'' एक बार घर आये। एक रेखाचित्र बनाया–शाहीन का और उस पर इकबाल के शेर की पँक्ति लिखी : 'तू शाहीन है परवाज़ है काम तेरा'। कहा कि 'just fly'. मेरे अपने चित्रकला संसार को लेकर उनका सरोकार मेरे लिए महत्त्वपूर्ण रहा है। जब मैंने नौकरी छोड़ी, सबसे ज़्यादा ख़ुशी भी उन्हें हुई। इस तरह की उनकी मेरे प्रति चिन्ता होना भी हमारे सम्बन्धों को गहराता है। यह उनका बड़प्पन है कि मेरे जैसे अज्ञातकुलशील चित्रकार के बारे में वे चिन्ता करे। इतना ख़्याल रखें। अन्य चित्रकार भी हैं, लेकिन किसी और के साथ उनका ऐसा सम्बन्ध नहीं होगा। वे बहुत चित्रकारों से मिलते भी हैं पर वे सम्बन्ध मुलाक़ात पर ख़त्म हो जाते हैं। उनसे एक नैतिक सहारा मिलता है। उन्होंने हमेशा मेरे आग्रह का सम्मान रखा। इसका एक उदाहरण ''अनादि'' चित्र-प्रदर्शनी है। यह प्रदर्शनी मैंने रत्नोत्तमा सेनगुप्ता के साथ मिलकर दिल्ली में आयोजित की थी। प्रदर्शनी में मध्यप्रदेश से लगभग पैंतालीस चित्रकार थे। तब सोचा कि क्यों न हुसेन साहब प्रदर्शनी का उद्घाटन करें? मैं उनसे मिलने गया और कहा कि ''हम एक चित्र-प्रदर्शनी का आयोजन कर रहे हैं अगर आप उसका उद्घाटन कर सके?'' वे बोले, ''हाँ क्यों नहीं। मैं कर दूँगा।'' मैंने कहा, ''जब आप उद्घाटन कर रहे हैं तब इसका निमन्त्रण-पत्र भी लिख दीजिए।'' उन्होंने कहा, ''हाँ, क्यों नहीं।'' आमन्त्रण पत्र का मज़मून मैंने तैयार किया था और उसमें लिखा : eminent artist M. F. Husain will inaugurate the exhibition. वे आमन्त्रण पत्र का मज़मून लिखने लगे। इस पँक्ति तक आये। कहने लगे कि ''मैं eminent नहीं हूँ, आर्टिस्ट भी नहीं हूँ यह कैसे लिख सकता हूँ?'' मैंने कहा यह आप अपनी तरफ़ से नहीं लिख रहे हैं, हमारी नज़र में आप एमिनेंट आर्टिस्ट है और निमन्त्रण हमारी तरफ़ से है आपकी तरफ़ से नहीं। तो बोले, नहीं, यह कैसे हो सकता है, यह मेरी लिखावट है, यह ग़लत होगा। इसको लेकर वे दस पन्द्रह मिनिट संशय में रहे। किसी तरह उन्हें मनाया कि वे सिर्फ़ लिख रहे है, आमन्त्रित नहीं कर रहे हैं। काफ़ी जद्दोज़हद के साथ उन्होंने 'एमिनेंट आर्टिस्ट' लिखा जिससे वे अन्त तक

सहमत नहीं थे। प्रदर्शनी की शुरुआत वाले दिन सुबह मैंने उन्हें फ़ोन किया तो पता चला कि वे मुम्बई में हैं। मैंने उनसे कहा कि आज शाम आपको प्रदर्शनी का उद्घाटन करना है। उन्होंने कहा, ''मुझे ख़्याल ही नहीं रहा, मैं मुम्बई में हूँ।'' अचानक वे दो बजे आ गये। पाँच बजे तक रहे। कलाकारों से बातचीत करते रहे। चित्रों को टाँगने की सलाह देते रहे। चित्र देखते रहे। सभी ख़ुश थे कि हुसेन साहब साथ हैं। चाय पी रहे हैं। वे सबके काम पर बात कर रहे हैं। अनौपचारिक शुभारम्भ हो चुका था। पाँच बजे वापस मुम्बई चले गये। प्रदर्शनी का औपचारिक उद्घाटन शाम को आने वाले अतिथियों ने किया। उन्होंने अपना वायदा निभाया। हुसेन के भीतर ऐसी कई बातें हैं, जो अनूठी है; किसी अन्य चित्रकार में नहीं मिलेंगी। अत्यन्त स्नेह और तात्कालिक अलगाव हुसेन का आत्यन्तिक स्वभाव है। पूरी रुचि और पूरी अनासक्ति उनके गुण हैं। सारे चित्रकारों में हुसेन इन्हीं गुणों के कारण एकदम अलग हैं और सम्भवतः इसीलिए वे हुसेन हैं। 'सम्भवतः' इसलिए लिख रहा हूँ कि अनेक गुणों से मेरा परिचय अभी होना बाक़ी लगता है।

## (5)

जब मैं छोटा ही था, एक दिन हमने देखा कि एक व्यक्ति, टोकरे में जलेबियाँ लेकर सुबह सुबह छः बजे हमारे घर आया हुआ है। उसका व्यक्तित्व बेहद आर्कषक था। चमकदार उपस्थिति और जादुई क्रियाकलाप। हम सबने जलेबियाँ खाईं। फिर कई साल बाद जब हम उन्हें हुसेन की तरह जानने लगे तब ऐसे ही किसी एक दिन वे फिर सुबह छः-सात बजे जलेबियाँ लेकर आये। यह घटना छुटपन की उस स्मृति से जा टकरायी कि यही व्यक्ति हैं। जब भी वे हमारे घर आये अक्सर अल्सुबह आये। किसी और वक्त नहीं। हमेशा सुबह छः से सात बजे के आसपास। मुझे याद नहीं कि बग़ैर गर्म जलेबियों के कभी आये हों।

सत्तर के दशक के उत्तरार्द्ध में भी उन्होंने हम कुछ मित्रों की एक समूह चित्र-प्रदर्शनी का उद्घाटन किया था। उस वक्त मेरे एक दोस्त की मिठाई की दुकान की आन्तरिक सज्जा का काम चल रहा था। शहर में दो कलादीर्घाएँ थी। वहाँ जाकर दरयाफ़्त किया पता चला कि दोनों दीर्घाओं में किन्हीं अन्य कलाकारों की प्रदर्शनी लगी हुई हैं। उसी दुकान में - जिसमें आन्तरिक सज्जा का काम चल रहा था - बैठे, सोचने लगे कि क्या करें। निराशा से भरे हुए थे। तभी वे, जो आन्तरिक सज्जा का काम कर रहे थे, बोले कि आप यहीं प्रदर्शनी कर लीजिए। मैं इसे एक दीर्घा में बदल देता हूँ। उन्होंने एक रात में उस दुकान को ख़ूबसूरत वीथिका में बदल दिया। दूसरे दिन हम ख़ुद भी उस जगह को पहचान नहीं पाये। हमने वहाँ चित्र-प्रदर्शनी लगाई। हुसेन ने प्रदर्शनी का उद्घाटन किया। जगह देखकर उन्हें मज़ा आ गया।

इन्दौर में हम लोगों की छोटी-सी मण्डली थी। जब भी कोई चित्रकार इन्दौर आता, हम चित्र-प्रदर्शनी आयोजित करते। उन्हें आमन्त्रित कर लेते। इस तरह हमें उन चित्रकारों के साथ निजी रूप से दो-चार घण्टे बिताने का मौक़ा मिल जाया करता था। इनमें अगर किसी ने हमारा आग्रह ठुकराया तो वे एन. एस. बेन्द्रे थे। वे नहीं आये न प्रदर्शनी का उद्‌घाटन ही किया। हमने उनसे कहा कि तीन दिन प्रदर्शनी है आप इस बीच कभी आइये, वे नहीं आये। इन्हीं बेन्द्रे साहब को हुसेन अपना गुरु मानते हैं। यह भी एक दिलचस्प कोण है। हुसेन कभी नहीं भूलते कि यह बेन्द्रे ही थे जिन्होंने पहली बार उन्हें एक चित्रकार के रूप में पहचाना और उनके पिता से जाकर बात की। कला महाविद्यालय में दाख़िला दिलवाने के लिए पीछे पड़े। इस ऋण को उन्होंने कभी विस्मृत नहीं किया।

**(6)**

*As I begin to paint hold the sky in your hands as the strech of*
*my canvas is unknown to me.*

हुसेन मेरी कई चित्र-प्रदर्शनियों में आये, एक समूह चित्र प्रदर्शनी को छोड़ कर। नब्बे के दशक में हमने मुम्बई में एक प्रदर्शनी की। मैं, हर्ष स्वामीनाथन, भगवान चौहान और सुधाकर यादव, हम चार लोगों की समूह प्रदर्शनी थी। मैंने हमेशा की तरह उन्हें फ़ोन किया कि बाबा हमारी चित्र-प्रदर्शनी है, आप आइए। वे बोले–''कहाँ है?'' मैंने बताया कि जहाँगीर कला दीर्घा में। बोले कि ''यह जहाँगीर कला दीर्घा कहाँ है?'' मैं समझ गया कि बाबा के साथ जहाँगीर का कुछ बेठीक हुआ है। बाद में पता चला कि जहाँगीर कला दीर्घा की तथाकथित कलाकारों और रसिकों की समिति ने उन्हें बहिष्कृत किया हुआ था। इसका कारण हुसेन की आयोजित प्रदर्शनी ''श्वेताम्बरी'' थी, जिसमें उन्होंने सफ़ेद कपड़ा गैलरी में एक छोर से दूसरे छोर तक ताना और ज़मीन पर हज़ारों फटे हुए अख़बार बिछाये। यह सम्भवतः उनका पहला संस्थापन था। उस की जितनी चर्चा हुई वह एक दीगर बात है, किन्तु जहाँगीर कला दीर्घा की समिति को यह नाग़वार गुज़रा कि हुसेन ने ''श्वेताम्बरी'' नाम की एक प्रदर्शनी जहाँगीर कला दीर्घा में की, जिसमें चित्र नहीं दिखाये। उन्होंने हुसेन पर रोक लगा दी। शायद तीन साल बाद यह रोक हटाई। हुसेन को फिर से गैलरी दी। हुसेन ने तीन ट्रक कबाड़-खाने से कबाड़ा लाकर प्रदर्शित कर दिया। मेरे ख़याल से उसके बाद उन्होंने जहाँगीर में प्रदर्शनी नहीं की। बहरहाल! हमारी उस प्रदर्शनी में आने के लिए उन्हें तीन चार बार फ़ोन किया पर वे नहीं आये। जिस दिन प्रदर्शनी ख़त्म हुई उस दिन उनका फ़ोन आया कि मैं कल आ रहा हूँ। हमने बताया कि बाबा प्रदर्शनी तो ख़त्म हो गयी है। आज आख़िरी दिन था। बोले ''अच्छा, आप लोग मेरे घर आइये। सुबह नाश्ते पर आप चारों लोग आइये।''

हम लोग सुबह पहुँच गये और एक बजे तक बातचीत करते रहे। इस बीच वो नाश्ता हवा हो गया। हम लोग वहाँ से निकले तो हर्ष बोले मुझे बहुत भूख लग रही है।

## (7)

उनके साथ मेरी बातचीत हिन्दी साहित्य के इर्द-गिर्द होती रही है। ख़ासकर कविताओं पर। उनकी कविताओं में गहरी दिलचस्पी है। उनके बहुत सारे कवि-मित्र भी हैं। उनका भरा पूरा संसार साहित्य से लबालब है। हम दोनों के बीच कविताओं पर अक्सर बातचीत होती रहती है। जब भी फ़ोन पर बात होगी तब अन्यान्य बातों के अलावा इस पर भी ज़रूर बात होगी कि इधर कौन अच्छी कविताएँ लिख रहा है या इधर कौन-सी कुछ नयी कविताएँ/किताबें पढ़ी हैं। यह उनकी आन्तरिक रचनात्मक भूख है जिसे वे अपने दोस्तों की बीच बाँटते हैं। वे अपने स्वभाव से ही कई बातें करते रहे हैं। हुसेन का गद्य एक चित्रकार का गद्य है। बरसों पहले स्वामी की Contra नामक पत्रिका के लिए उन्होंने एक कविता लिखी थी। कविता की भाषा एक चित्रकार की भाषा है। CRACKS IN REMEBRANDT कविता में एक पँक्ति है–'whose brown burns in me' यह जो वाक्य है वह एक चित्रकार ही बना सकता है। 1966 में छपी यह कविता इस प्रकार है :

| | |
|---|---|
| I am aware of<br>Cracks in Remebrandt<br>Whose Brown Burns in me | मुझे अहसास है<br>रेम्ब्रां के चित्रों की तड़कन का<br>जिनके कत्थई मुझमें जलते हैं |
| Though | हालाँकि |
| Rock-rust boots<br>Are ditched-deep | चट्टानी गेरू-सी धूल से सने जूते<br>गहरे धँसे हैं |
| Yet | फिर भी |
| The silky sun there<br>Shrills me | वह रेशमी सूरज वहाँ<br>मुझे तीखी आवाज़ देता है |

मक़बूल फ़िदा हुसेन

हुसेन के गद्य में उनका अनुभव झलकता/चमकता है बजाय इसके कि वे एक वैचारिक, सैद्धान्तिक स्थापना करने की कोशिश करें। मेरे ख़याल से वे समझते हैं कि ऐसी कोई बात मौजूद नहीं है जिसकी की स्थापना की जानी चाहिए। बल्कि वे अपने चित्रों के लिए भी यह ख़्वाहिश ज़ाहिर कर चुके है कि "मैं मरने के पहले अपने चित्रों को जला देना चाहता हूँ।" यह उनका अपना देखना है, रचनात्मक संसार को, उनकी अपनी नज़र में, उसकी निस्सारता या उसके निरर्थक होने को या इस अनन्त समय की उपस्थिति में अपने होने की क्षणिक चमक के अहसास की तीव्रता। यही रुख उनका अपने गद्य के प्रति भी है। वे उसको भी उसी तरह बरतते हैं : तात्कालिक, अचानक उनको सूझा और उन्होंने लिखा। हाल ही में उन्होंने मुझे लन्दन में अपनी आत्म-कथा का नया अध्याय सुनाया। अध्याय का शीर्षक "दो रोटी" है। दो रोटी को लेकर जितनी मशक्कत उन्होंने अपने जीवन में की होगी यह अध्याय उसकी व्याख्या नहीं है या उसके बारे में चित्रण नहीं है। यह एक मनुष्य के जीवन में दो रोटी के महत्त्व का–चाहे वह कोई भी हो–उसमें अपना अनुभव है जो पूरी सच्चाई के साथ उनके गद्य में झलकता है। उसमें भी उनका विनोदी स्वभाव दिखाई देता है/जीवन के बड़े रहस्यों को नहीं, बल्कि वे रोज़मर्रा की छोटी-छोटी बातों में, तथ्यों में, उनकी सच्चाई को, अनुभव करते हैं, लिखते हैं। उनके इर्द-गिर्द फैली, उनके द्वारा जी गयी ज़िन्दगी के खट्टे-मीठे पल उनके लिखने के अंश हैं।

हुसेन के लेखन व चरित्र में एक ख़ास बात है कि वे अपना मज़ाक़ उड़ाने की क्षमता रखते हैं। अपनी ही बातों का मज़ाक़ उड़ाने की भी क्षमता रखते हैं। वे अपने को बहुत सहजता से लेने-बरतने वाले व्यक्ति हैं। उनसे मिलकर यह नहीं लगता है कि इस सदी के महत्त्वपूर्ण व महान चित्रकार से मिल रहे हैं। उनकी उपस्थिति के साथ आप कुछ ही क्षणों में सहज हो जाते हैं। उनमें ऐसी क्षमता है कि वे अपने इर्द-गिर्द ऐसा माहौल खड़ा कर लेते हैं जिसमें नया, अन्जान व्यक्ति सहज व सामान्य महसूस कर सके। वार्तालाप शुरू हो सके। यही उनके गद्य में भी झलकता है। इसे लेकर वे सजग हैं न लापरवाह। जब वे लिख रहे हैं तब वे जानते है कि उनके लिखे से क्या सम्प्रेषित हो सकता है। वे अच्छा लिखते हैं। रसभरा जैसे कि उनके चित्र हैं। उनका लिखा सूखा सा गद्य न होकर रसीला, चटकारेदार गद्य हो सकता है। चाहे उनकी अपनी जीवनी हो या नयी चित्र-प्रदर्शनी को लेकर लिखी गयी कुछ पंक्तियाँ हो या किसी विशेष शृंखला के लिये उन्होंने कुछ सोचा-समझा हो या चित्रित करने के दौरान उनके विचार हों : उनका लेखन अत्यन्त प्राञ्जल, रोचक, बाँध लेने वाला होता है। यद्यपि उसकी तात्कालिकता साफ़ नज़र आती है। जैसे गजगामिनी को लेकर उन्होंने एक लम्बी कविता लिखी है। यह कविता उनकी माँ से सम्बन्धित है, बात माधुरी दीक्षित की है। अन्त में जाकर चूँकि उनके मन में माँ की प्रतिमा अधूरी है इसलिए माधुरी है : माँ अधूरी है, इस तरह का सम्बन्ध वे

ख़ूबसूरत ढंग से निकाल लाते हैं। माधुरी और अपनी माँ के बीच यह सम्बन्ध हुसेन के मन में बना। उनकी माँ की मृत्यु के वक्त वे छः महीने के थे और वे जब माधुरी से मिलते हैं उस वक्त माधुरी की उमर वही थी जिसमें माँ का देहान्त हुआ। अपनी माँ का चेहरा उन्हें याद नहीं। उन्होंने अपनी माँ को कभी चित्रित नहीं किया। माँ की जितनी भी छबियाँ चित्रांकित की है उनमें देखा जा सकता है कि चेहरे नहीं हैं। उनके पास अपनी माँ की कोई छवि नहीं है। उनकी स्मृति में कोई बिम्ब नहीं है सो बनाते नहीं हैं। अन्य स्त्रियों के चित्रण में नाक-नक़्श वग़ैरह सब होगा। ऐसी उनकी अचेतन वाबस्तगी है। मदर टेरेसा के चित्रण को लें। वे मदर टेरेसा से मिले हैं, उनके साथ घूमे हैं, कलकत्ता की उन गलियों में गये हैं जहाँ माँ सेवा करती थीं। मगर उन्होंने कभी मदर टेरेसा का चेहरा नहीं चित्रित किया है। नीले रंग की पट्टियाँ माँ का चित्रण है उससे मदर टेरेसा बन रही है। उन्होंने कई व्यक्ति चित्र बनाये हैं। मदर टेरेसा भी सामने थीं और वे उन्हें भी उसी पारम्परिक ढंग से चित्रित कर सकते थे। चूँकि वे यहाँ अपनी माँ को वैश्विक माँ की तरह देखते हैं, चेहरा नहीं बनाते। यह उनकी समझ या अवचेतन ही है। उनके भीतर बहुत गहरे से टँग गया है। उनकी माँ अपनी अनुपस्थिति में उपस्थित है। वह है, किन्तु पहचान नदारद हैं। यह उनकी कविता में भी स्पष्ट होता है।

उनकी भाषा सब चीजों से रची-बसी है, जिसमें कविताएँ भी हैं, अशार भी हैं। उर्दू या फ़ारसी ज़बान के। उन्हें इन भाषाओं का अच्छा ज्ञान है। एक बार उनका एक चित्र टाइम्स ऑफ़ इण्डिया अख़बार ने नये साल के उपलक्ष्य में मुखपृष्ठ पर छापा। उसके कई दिन बाद मैं उनसे मिला। मैंने इस चित्र का ज़िक्र किया, देखना चाहा। उन्होंने कहा कि मालूम है वह चित्र किस काव्य पँक्ति पर था—शमशेर बहादुर सिंह की कविता 'पतझर' की काव्य पँक्ति : ''एक पीली शाम/पतझर का ज़रा अटका हुआ पत्ता।'' हुसेन इस ख़म को पहचान पा रहे हैं। ज़रा-सा अटकापन जो है उसका। उनकी चित्रभाषा साहित्य से गहरे सम्बन्ध बनाती हुई होती है। सामान्य बातचीत में भी वे फ़ारसी का एक शेर पढ़ उसका तर्ज़ुमा कर बताते हैं। उनकी भाषा बहुत सुघर, सँवरी और उसी वक्त विनोदमय है। जिसमें वे सब समकालीन सन्दर्भों का इस्तेमाल करते हैं और किसी भी विषय को बरतने से चूकते नहीं है। चाहे फिर वह भाषा का कोई शब्द हो जिसे व्यवहार में नहीं लाया जाता है, या सिनेमा, राजनीति, खेल-खिलाड़ी/कोई भी विषय नहीं छूटता है। हुसेन की शाइस्तगी कमाल की है। नफ़ासत गहरी है। वे कभी भी ऐसे स्तर पर नज़र नहीं आते जो थोड़ा भी हल्का हो। उनकी वाक्य संरचनाओं से लेकर उनकी बातचीत के विषयों और अपनी चित्रकला के सम्बन्ध में भी कभी ऐसा वाक्य उनसे सुनने में नहीं आता जो कुछ हल्का इशारा करता हो। हुसेन का होना पूरी एक सदी का होना है। यह होना उनके अनुभवों को गहरा देता है। अपने देखने को, अपने पढ़ने को, अपने समझने को एक अर्थ प्रदान करता है। श्रोता या दर्शक के लिए यह रुचिपूर्ण और प्राञ्जल हो जाता है।

हुसेन की लिखी हुई ये कविताएँ इसका एक प्रमाण हैं :

1.

मुझे आसमान की बर्फ़ ढँकी चादर भेजो
जिस पर कोई दाग़ न हो
तुम्हारी अनन्त उदासी के घेरे को
मैं सफ़ेद फूलों से
कैसे चित्रित करूँ?

जब मैं चित्र बनाने लगूँ
तो आसमान को अपने हाथों में पकड़ लेना
क्योंकि मैं अपने कैनवास के
फैलाव से अनजान हूँ।

2.

मेरे पत्र
जलती हुई आवाज़ों के निशान
पूरे महीने की बर्फ़ानी ठण्ड
तुम्हारे नक़्क़ाशीदार दरवाज़े के अन्दर
शायद आग बुझा दे।

अपने दरवाज़े को ताला लगा लो
चाभियाँ एक तरफ़ फेंक दो

मेरा पत्र अनपढ़ा रहने दो।

3.

जब जवान पत्ते
चिमनियों के धुएँ में
पिघलते हैं
और आसमान का गीला काग़ज़
बत्तियों वाले खम्भों पर
झुक जाता है,
झलकते हुए दूध की भरी हुई गाड़ी
रास्ते को रौशन करती है
और एक लड़का
मन्दिर की सीढ़ियों पर
नंगे पाँव चलता हुआ
ख़ाली शहर को
खाना शुरू करता है।

वहाँ अस्तित्व की
गूँजती हुई आवाज़
हँसी में फूट पड़ती है।

4.

नीली रात
उसकी चादर पर से फिसलती है
उसकी जाँघ पर
एक निशान डाल जाती है।

वे दूर
जिस्मों के पीले-भूरे रंग
कश्तियों के पीछे लरज़ते हैं।

अचानक एक सफ़ेद रंग
क्षितिज को काटता है
उससे नीचे का दृश्य
अवाक् रह जाता है।

सलेटी रंग की रेत
उसकी चादर से
ढँकी रहती है।

(1974, अनुवाद : सुखबीर)

## (8)

मुझे यह कहने में कोई संकोच नहीं है कि महात्मा गाँधी के बाद मक़बूल फ़िदा हुसेन दूसरे व्यक्ति हैं जिन्होंने हिन्दुस्तान को गहरे से जाना है। गाँधी ने भारत की जनशक्ति को पहचाना, हुसेन ने भारत की साँस्कृतिक

शक्ति को। भारतीय सँस्कृति के वैविध्य को आत्मसात् कर अपने चित्रों में ज़ुबान दी। हुसेन के चित्रों की भारतीयता एक भारतीय की है। उन्होंने उसे लाने की या पाने की चेष्टा नहीं की। भारतीयता हुसेन के चित्रों पर आरोपित नहीं है, वे इन चित्रों की आन्तरिक चेतना है। इनकी बुनावट लोक-चेतना मिथकीय साँस्कृतिक वैविध्य के ताने-बाने से की गयी है। वे भारतीयता की खोज नहीं करते, वे भारतीयता रचते हैं। हुसेन के अलावा हिन्दुस्तान के साथ इतनी गहराई से और कोई चित्रकार अपने सम्बन्ध नहीं बना सका है। ज़्यादातर चित्रकार ऊहापोह में अपना रचनात्मक जीवन व्यतीत करते नज़र आते हैं। अगर कोई दूसरा चित्रकार इस सबसे उलझता-जूझता दिखायी देता है तो वह स्वामीनाथन है। वे एक दूसरे स्तर पर - जो कि इन साँस्कृतिक स्तरों की व्यञ्जना का स्तर है - जाकर अपनी परम्पराओं से सम्बन्ध बनाते नज़र आते हैं। एक मनुष्य की परम्परा से। यह गहरा सम्बन्ध दोनों चित्रकारों में नज़र आता है। दोनों अपने ढँग से हिन्दुस्तान की सार्वभौम सँस्कृति को अपने चित्रों में साँस लेते हुए रचते हैं। यह सँस्कृति किसी एक समुदाय की नहीं है न किसी एक विशेष परिस्थिति में रहने वाले लोगों की, यह मानव-जाति की सँस्कृति है, इसका एहसास इन दोनों चित्रकारों ने अपने चित्रों में किया है। वे चित्र की सम्भावना के असम्भव को रचते हैं।

महात्मा गाँधी अफ्रीका से हिन्दुस्तान लौटते हैं, उस वक्त तक वे अफ्रीका की सक्रिय राजनीति के कारण विख्यात हो चुके हैं। वे 'हिन्द स्वराज' लिख चुके हैं। हिन्दुस्तान आने पर वे गोपालकृष्ण गोखले से मिलते हैं, जिन्हें वे अपना गुरु भी मानते हैं। गोखले उनसे कहते हैं आप भारत आये हैं, किन्तु यहाँ के बारे में आपको कुछ नहीं पता है। आप वायदा कीजिए कि एक साल हिन्दुस्तान की राजनीति के बारे में सार्वजनिक रूप से कुछ नहीं कहेंगे और इस एक साल में आप इस देश में घूमिए, उन लोगों को जानिए जिनकी राजनीति आप करने वाले हैं। गाँधी ने इसका पालन किया और पूरे एक साल घूमे। वे घूमते हैं और हिन्दुस्तान की लोक शक्ति का अहसास करते हैं।

हम देखें कि 1947 में जब देश आज़ाद होता है तब हुसेन के साथी युवा चित्रकार देश छोड़ विश्व के अलग अलग हिस्सों, लंदन, पेरिस, न्यूयार्क चले गये : कि कला यहाँ है और इसको देखना-सीखना चाहिए। अब हम एक आज़ाद देश है, हमें इसे समझने की ज़रूरत है। आज़ाद मुल्क की समकालीन कला की रूपरेखा क्या हो, यह सबकी चिन्ता, चिन्तन का विषय रहा। इन सब लोगों की इच्छाएँ भी उतनी ही शुद्ध थी जितनी हुसेन की। इसके विपरीत हुसेन गाँवों में चले जाते हैं। रामलीला के पीछे घूमते हुए उसको देखते-समझते-उन लोगों से मिलते हुए, लोक सँस्कृति के विभिन्न रूपों को जानते हुए, उनका चित्रण करते हुए, उसी का एक अंग

बनते हुए, उसी में अपने को खपाते-खटते हुए, वे हिन्दुस्तान की भीतरी यात्राएँ करते हुए हिन्दुस्तान के वैविध्य को आत्मसात् करते हैं। यह सब उन्होंने उस दौरान किया जिस दौरान समकालीन या उनके बाद के चित्रकार जो ब्रितानवी कला हिन्दुस्तान में मौजूद थी उसकी जगह फ्रांसिसी या मेक्सिकन कला लाने की कोशिश कर रहे थे। बजाय इसके कि वे अपनी जड़ों में, अपनी परम्परा में, अपनी सँस्कृति में कुछ ढूँढ़ते-खँगालते और पाते।

जो काम हुसेन अकेले बेफ़िक्र अन्दाज़ में 1948 से कर रहे थे, उसकी जोरदार घोषणा ग्रुप 1890 बहुत बाद 1963 में जाकर करता है। वह कहता है कि 'रचनात्मक अभिव्यक्ति' तलाश नहीं, बल्कि वैयक्तिकता का मुक्त होना और प्रकट होना है।' वह अपने वैयक्तिक 'देखने' को महत्त्व देता है। हिन्दुस्तानी कला में पहली बार भारतीयता को आत्मग्लानि की जगह आत्मसम्मान की तरह देखा गया। अक्तावियो पाज़ ने भी इन युवा चित्रकारों से प्रभावित हो उनकी प्रदर्शनी का कैटलॉग लिखा।

हिन्दुस्तानी चित्रकला के संसार में हुसेन अकेले कलाकार नज़र आते हैं जिन्होंने ख़ुद को, अपनी सँस्कृति के बीचोंबीच, बहुत गहरे महसूस किया है। इसका प्रतिफलन उनके चित्रों के रूप में हमारे सामने हैं। समकालीन चमकते हुए कला-संसार में हम उसका प्रभाव देखते हैं जिसे विश्वास के दम पर हुसेन बनाते हैं। इसमें कोई भी उनकी मदद करने आगे नहीं आता है। यदि किसी ढँग से कोई हुसेन के साथ खड़ा होता नज़र आता है तो वे स्वामीनाथन है। बौद्धिक, वैचारिक रूप से प्रखर, वे भी वही बात करते हैं, हुसेन के कई साल बाद।

हुसेन 1955-56 में शुरू करते हैं, जिसका विचार 1948 से चल रहा होता है जब वे राष्ट्रीय संग्रहालय में प्रदर्शनी देखकर लौटते हैं। इस प्रदर्शनी में भारतीय शिल्प की अद्वितीय भावोत्पादक अभिव्यक्ति गुप्तकालीन शिल्प और चोल काल के काँस्य शिल्प में देखते हैं। हुसेन की लोक चेतना में शास्त्रीय शिल्प विधान की दृढ़ता का हस्तक्षेप होता है। वे लोक सँस्कृति के सहज और आडम्बर रहित तत्त्वों में कल्पना से भरे हुए इन शास्त्र सम्मत शिल्पों का सम्मिश्रण कर भारतीय समकालीनता की शुरुआत करते हैं। बाद में स्वामीनाथन भी इसी रास्ते की ताईद करते हैं जिसमें मनुष्य की अभिव्यक्ति को प्रमुखता से रेखांकित करते हैं। स्वामीनाथन और हुसेन के बीच यह साझा बहुत बाद में जाकर स्थापित होता है। ध्यान देने वाली बात है कि हुसेन इससे पहले ही समकालीन चित्र संसार का एक स्वरूप खड़ा कर चुके हैं जिसे स्वामीनाथन बौद्धिकता का आधार प्रदान करते हैं। स्वामीनाथन उस मनुष्य की रचनात्मकता पर जोर देते हैं, जो अपने समय की विभीषिका झेलते हुए सामने रखे कैनवास को उगते हुए सूरज की तरह देखता है। इस मनुष्य की ताक़त ही उसकी

रचनात्मक अभिव्यक्ति है, जिसमें उसकी वैयक्तिता प्रकट हो रही है न कि सामाजिक यथार्थ। स्वामीनाथन का रचयिता *"राजा रवि वर्मा के अश्लील यथार्थवाद और बंगाल स्कूल के आदर्शवादी ग्राम्यजीवन सम्बन्धी चित्रों के"* ख़िलाफ़ खड़ा होता है। वहीं दूसरी तरफ़ हुसेन अपने हाथों में आकाश थामे होने की बात करते हैं। वहाँ उनका रचियता भी इस अनन्तता की ही तरफ़ इशारा करता है, जहाँ सूर्योदय हो रहा है। जिसे हुसेन अपने चित्रों से रच रहे हैं। हुसेन की अकेली शख़्सियत इस समकालीन कला संसार को बनाती है जिसका लाभ अब हमारी पीढ़ी ही नहीं बल्कि युवतर पीढ़ी तक पहुँचता है। आज भी कला महाविद्यालय में प्रवेश लेने वाले युवा मन में पहली छबि हुसेन की ही होती है। वह अपना आत्मबल वहीं से प्राप्त कर इस दिशा में क़दम बढ़ाने की कोशिश करता है। यह आलोक हुसेन अकेले दम पर फैलाते हैं, जिसमें कई साल बाद आने वाला युवा चित्रकार भी प्रकाशित होता है।

अपनी सँस्कृति के साथ हुसेन का सम्बन्ध और अपने अनुभव के साथ उनका रचना-काल महत्त्वपूर्ण है। वे एक स्वतन्त्र देश की ऐसी स्वतन्त्र चित्रभाषा रच पाते हैं जिसके विषय बहुवचनात्मक हैं - धार्मिक मान्यताओं से लेकर राजनीतिक उठा-पटक तक। रोज़मर्रा की दिनचर्या से लेकर महत्त्वपूर्ण घटनाओं तक यह उदाहरण पाना मुश्किल लगता है कि हुसेन ने हिन्दुस्तान के लिए जो काम किया है वैसा काम किसी और चित्रकार ने अपने देश के लिए किया हो। यह हुसेन का महत्त्वपूर्ण अवदान है : कि भारतीय कला की समकालीनता रचते हुए हिन्दुस्तान की साँस्कृतिक पहचान का परचम विश्व भर में फहराने का। कई देशों के राष्ट्रीय संग्रहालयों में किसी और भारतीय चित्रकार के चित्र हो या न हो, हुसेन के चित्र ज़रूर होते हैं। बड़ी संख्या में मिलते हैं। हुसेन यहाँ भी अपनी उपस्थिति दर्ज़ कर चुके हैं। यह उनकी अपनी क्रियाशील ज़िंदगी है जिसमें वे लगातार सक्रिय रह कर न केवल रच रहे हैं बल्कि उस रचने को पूरी दुनिया में प्रदर्शित भी कर रहे हैं।

## (9)

मेरे ख़याल से हुसेन का ख़ुद को चित्रों में बरतने का ढँग देश की विभिन्न सँस्कृतियों से आये अनुभवों का सार है। आन्ध्र प्रदेश का साँस्कृतिक वैशिष्ट्य बंगाल से भिन्न है। राजस्थानी लोक-चेतना मध्यप्रदेश की आदिवासी चेतना से भिन्न है। भारतीय सँस्कृति का यह वैविध्य व बहुलता, कहना चाहिए बहुवचनात्मकता हुसेन के चित्रों में नज़र आती है। भले वे श्वेताम्बरी कर रहे हो या कोलाज या एक चित्र बना रहे हो : सभी में एक भारतीय हुसेन साफ़ नज़र आता है। जैसे कि एक बंगाली, तेलुगु, मलयाली या गुजराती भारतीय

है। एक दूसरे से अलग वे अपनी विशिष्टता में रचे-बसे भारतीय हैं। यही एकरूपता हुसेन के चित्रों में संचारित है। उनके चित्रों का अभिन्न छोर/core है। जिसमें एक ओर बिलकुल ही सपाट चटकीले रंगों के कोलाज हैं जबकि वे जाने जाते हैं मटमैले रंग प्रयोग के कारण या वे एक ऐसी चित्र-प्रदर्शनी दिखलाते हैं जहाँ मानव शरीर चित्रित कर रहे होते हैं या फिर वे सारे चित्र हैं जिन्हें हुसेन के चित्रों की तरह पहचाना जाता है– उसी में वे फ़िल्म भी बनाते हैं जो हुसेन का 'देखना' है। चाहे वह मीनाक्षी, गजगामिनी हो या through the eyes of a painter। इन सबमें हुसेन का देखना एक भारतीय का देखना है। एक ऐसे व्यक्ति का देखना है जो अपनी सँस्कृति की विविधता को धारण किये हुए है। यहाँ वैविध्य भटकाव नहीं, ताक़त है। यह बहुवचनात्मक साँस्कृतिक चेतना से उपजी हुई एकता है और उसी में समर्पित हुसेन की विशिष्टता है। उनके समकालीन चित्रकार किसी अंग-विशेष को लेकर जीवनभर चित्रण करते रहे हैं, किन्तु हुसेन के साथ ऐसा सम्भव नहीं हुआ। उन्होंने हर बार अपने को दाँव पर लगाया है, जिसमें डूबने और बह जाने का पूरा ख़तरा रहता है। वे एक कलाकार व रचनात्मक व्यक्ति का जोख़िम उठाने में कभी पीछे नहीं रहे। अपने को दाँव पर लगाने की यह ताक़त ख़ास हुसेन की शैली है।

एक क्रियाशील चित्रकार के रूप में उनके पहले के चित्रों में शुरुआती लड़खड़ाहट भी दिखायी देती है। वे इससे घबराते नहीं हैं, बल्कि रचनात्मक प्रक्रिया के दौरान होने वाले निष्फल चित्रों को भी दिखाने में संकोच नहीं करते। वे अपने अलगाव को भी रुचि से रखते हैं अपने रचनात्मक सन्तोष की तरह। 1955-56 में जब वे एक स्पष्ट भाषा प्राप्त कर लेते हैं तब वे सारे बिम्ब नज़र आने लगते हैं जिनमें उन्होंने भारतीय समाज को रचा-गढ़ा है। एक अर्थ प्रदान किया। 1947 में आज़ादी के वक्त हिन्दुस्तान की अपनी कोई चित्रभाषा मौजूद नहीं थी। साँस्कृतिक रूप से लगभग नष्ट हो चुका रचनात्मक मानस भ्रमित था। अपनी कला परम्परा, अपने विश्वासों को खो चुका था। इस टूटे, बिखरे, भ्रमित, साँस्कृतिक मन को दृढ़, निर्भीक और निडर सहारा चाहिये था। यही टूटन, बिखराव सामाजिक जीवन में रहा था, जिसे महात्मा की वाणी से सम्बल मिला था। जिस तरह बिखरा हुआ आत्मविश्वास गाँधी ने अपनी वाणी से हिन्दुस्तान के लोगों में संचारित किया, ठीक वैसे ही उस समय की टूटी हुई, बिखरी हुई साँस्कृतिक चेतना को, जिसे अँग्रेज़ों ने कुटिल कुशलता से नष्ट किया था, हुसेन सँभालते, सँवारते हैं। हुसेन चाहते तो इस तथाकथित भारतीय कला को स्वीकार कर सकते थे किन्तु उन्होंने यह न करते हुए अपनी ज़मीन ख़ुद खोजना शुरू की। आज़ादी के बाद अब किस तरह के रचनात्मक संसार में भारतीय रहने वाले हैं, उसका चिन्तन और उसको बनाने की शुरुआत की।

(10)

राजा रवि वर्मा ने अँग्रेज़ों के सहयोग से कैलण्डर कला को घर-घर लटका दिया था। अँग्रेज़ बताते रहे कि यही भारतीय चित्रकला है और हम अपनी चित्रकला की पहचान उसी में खोजने पाने लगे थे। आज भी बड़े पैमाने पर लोग उस कैलण्डर कला को ही भारतीय कला का प्रमाण समझते हैं। यह इस सँस्कृति को देखने वाली 'अँग्रेज़' दृष्टि है। परायी दृष्टि है। राजा रवि वर्मा प्रतिभाशाली चित्रकार नहीं थे। वे एक साधारण चित्रकार थे जो तैलरंगों में चित्र बनाने की शुरुआत करते हैं। छापाख़ाना डाल कर अपने कैलेण्डरी चित्रों को कैलण्डर के रूप में घर घर पहुँचा देने के कारण वे महान चित्रकार हो जाते हैं, ऐसा मानना अज्ञानता ही नहीं गुलामी भी है। राजा रवि वर्मा के चित्र एक कमज़ोर चित्रकार के चित्र हैं। उनकी कल्पनाशीलता भी उनका साथ नहीं देती है। उनके चित्र ही यह कमियाँ बयाँ करते हैं। उनको अँग्रेज़ों का प्रश्रय प्राप्त था, वे एक राजसी खानदान से थे, आर्थिक रूप से सक्षम, एक छापाख़ाना डाल सकते थे। अपने चित्रों की अनेक अनुकृति आसानी से उपलब्ध करा उन्होंने यह किया। हुसेन के आरम्भिक चित्र भी इस परम्परा में नहीं है। वे भिन्न हैं। दरअसल, वे एक मनुष्य की तरह ख़ुद महसूस करने के चित्र हैं। वे उसी मनुष्य के चित्र हैं, जिसने हाथों में आकाश उठा रखा है, जो रचने की शुरुआत ही अनन्तता से करता है।

मुझे याद है इन्दौर में एक कला-सामग्री की दुकान थी। दुकान में हुसेन का 1933 के आसपास का बनाया हुआ एक छोटा सा भू-दृश्य/Landscape टँगा रहता था। यह वह वक्त है जब हुसेन इन्दौर छोड़ रहे थे। हुसेन का यह चित्र, मालवा का छोटा सा भू-दृश्य/Landscape था। चित्र में धूसर रंग के काग़ज़ पर तीन स्याह धब्बे चित्रित थे। एक विहंगम मालवी भू-दृश्य का चित्रण। वह अमूर्त था। उसमें सिर्फ़ तीन धब्बे रखे थे। धीरे धीरे फैल रहे धब्बों के केन्द्र का गहरा रंग, किनारे आते आते हल्का होता जाता। वे धब्बे तीन वृक्ष की तरह भी थे। जो भी उसे देखता मालवा का एक शुद्ध लैण्डस्केप उसकी कल्पना में खड़ा हो जाता। यह चित्र 1933 में बनाया गया था जब राजा रवि वर्मा ख़ासे लोकप्रिय चित्रकार थे। उनकी नक़ल करने वाले भी कई थे। हुसेन नक़ल नहीं करते, वे सिर्फ़ तीन धब्बे रखते हैं। यह अपने में जोख़िम का काम था। कल्पना कीजिये, 1933 में एक युवा चित्रकार अपने चारों और बिखरे यथार्थवादी चित्रण के मलबे के बरक्स तीन धब्बे, धूसर काग़ज़ पर रख कला के उस अन्जाने संसार में क़दम रखता है, जिसे बाद में उसी के नक़्शे क़दम पर चलना है। यह हुसेन की रचनात्मक भूख थी। यह भू-दृश्य भूख से उपजा चित्र था। सालों तक मैं यह चित्र देखता रहा। अस्सी के दशक में हुसेन ने यह चित्र देखा और दुकान मालिक से कहा कि आप यह चित्र मुझे दे दें बदले में मैं आपको दूसरा चित्र देता हूँ। उन्होंने एक बड़े कैनवास पर घोड़े का चित्र बना कर

उन्हें दिया। बदले में यह छोटा-सा चित्र ले कर चले आये। यह उनसे गुम गया और दुर्भाग्य है कि वे जो चित्र दुकानदार को भेंट कर आये थे वह दुकान से चोरी हो गया।

तात्पर्य यह कि जब रवि वर्मा का भारतीय चित्रकला संसार में प्रभुत्व था तब एक नौजवान चित्रकार उन रास्तों पर नहीं चल रहा था जो पहले से मौजूद है बल्कि वह अपनी भाषा रचने की कोशिश कर रहा था। उस दौर में बेन्द्रे अपना काम कर रहे थे। बेन्द्रे का गहरा असर हुसेन पर रहा। वे बेन्द्रे को अपना गुरु भी मानते है। लेकिन हुसेन बेन्द्रे का भी अनुसरण नहीं कर रहे थे। वे अपनी तरह से देखने, खोजने के उपक्रम में, पूरे जुनून के साथ, मुब्तिला थे। यह महत्त्वपूर्ण है कि हुसेन ने इन सब बातों को जानते समझते उसको न स्वीकारते हुए अपनी भाषा गढ़ी। उसे खोजा, पाया और भारतीय समकालीन कला को उस आज़ादी, समता और सहभागिता की जगह पहुँचाया, जिसे ढूँढ़ने, पाने उनके समकालीन भी भटक रहे थे। हुसेन अक्सर बेन्द्रे को गुरु की तरह का रुतबा देते हैं, साथ ही सूज़ा के प्रति भी कृतज्ञ होते हैं। इन दोनों का हुसेन पर गहरा प्रभाव है। यह प्रभाव बातचीत तक ही झलकता है। इन चित्रकारों का कोई अंश हुसेन के चित्रों में नहीं आया है। बेन्द्रे की लयात्मकता और सूज़ा का रूखापन उनके चित्रों से बहुत दूर है। अगर मुझे हुसेन के चित्रों में किसी भारतीय चित्रकार की उपस्थिति मौजूद होती दिखाई देती है तो वे दत्तात्रेय दामोदर देवलालीकर हैं, हुसेन के गुरु और इन्दौर स्कूल के संस्थापक। जिन्होंने देवलालीकर के रेखांकन देखे हैं, वे जानते हैं कि उनकी रेखाओं की विशेषता क्या है। वे जानते हैं देवलालीकर अपने रचने में रेखांकन को कितना महत्त्व देते रहे हैं। हुसेन ने उनके रेखांकन अपने विद्यार्थी जीवन में देखे होंगे और इस युवा मन पर उसकी गहरी छाप लगी होगी। बाद में जब हुसेन 'हुसेन' की तरह जाने जाने लगे, तब उनकी पहचान में सशक्त रेखांकन एक गुण की तरह देखा गया। हुसेन देवलालीकर की तरह का रेखांकन नहीं करते, वे उनकी रेखाओं में से वक्रता, लय, कोमलता और मधुरता हटाकर उन्हें दृढ़, मजबूत, कठोर और सीधा कर देते हैं। देवलालीकर और हुसेन की कोई समानता नहीं है। देवलालीकर का प्रभाव भी नहीं दीखता। हुसेन अपनी रेखा ढूँढ़ते हैं। 1956 में जाकर पाते हैं।

(2009)

# नात्रदोम की सीढ़ियों पर मोनालिसा

हुसेन का बुलावा काफ़ी था मेरे लिए। जाने से पहले मैंने सोचा न था कि मेरा साक्षात्कार 'गज गामिनी' से होगा। मैं बम्बई पहुँचा और पाया कि हुसेन टाउन में नहीं हैं। भोपाल में 'टाउन' में नहीं होना भोपाल में नहीं होना है, किन्तु बम्बई में टाउन में नहीं होना भी बम्बई में होना होता है। मैं अभी-भी, बम्बई में बम्बई कहाँ है, जानना चाहता हूँ। बम्बई में रहने वाले दोस्त जब यह कहते हैं कि वे सप्ताह में एक बार बम्बई आते हैं तो यह शहर की कौन-सी सीमा है जहाँ से बम्बई शुरू होता है, यह मैं पिछले बीस बरसों में नहीं जान सका।

दूसरे दिन मैं हुसेन के घर पहुँचा। अब उनके घर का दरवाज़ा पहले जैसा नहीं रहा, जो आमन्त्रित करता-सा लगता था। उनके घर के दरवाज़े के बाहर भारी-भरकम लोहे का दरवाज़ा लग गया है जो संसार को दो भागों में बाँटता है। एक में सारा संसार है जिसमें शिव सैनिक और बजरंग दल भी रहता है, दूसरी तरफ़ अकेले हुसेन।

मैं घर में प्रवेश करता हूँ। कॉरिडोर में कुछ पुराने चित्र, ताने हुए तैनात कैनवास रखे हैं। उस छोटे कॉरिडोर से गुज़र कर जब मैं अन्दर पहुँचा तो पाया हुसेन चित्र बना रहे हैं। हुसेन ने बैठने का इशारा किया और चित्र बनाने में मशगूल रहे। कूँचीनुमा बड़े गोल ब्रश से वे रंग भर रहे थे। रंग भरना, आकार उभारना, मिटाना, गुनगुनाना यह सभी बला की फुर्ती से हो रहा था, किसी पुरानी सोलह फ्रेम की फ़िल्म की तरह। रंगों के बेतरतीब डिब्बों और बड़े से बाउल में कई ब्रश पानी में भीगे पड़े थे। मदर टेरेसा, हाथी, स्त्री और बच्चा, इनकी आकृतियों का बनना बिगड़ना, रंगों का घुलना-मिलना एक चित्र की रचना में शामिल थे।

बीच में वे काम-रोक कर बोले यह 'Pot boiler' है। फिर हँस दिये–''पॉट बॉइलर का अर्थ समझते हो। पॉट बॉइलर एक अँग्रेज़ी का मुहावरा है जिसका अर्थ 'दाल-रोटी' कमाना है।''

उनका आहिस्ता स्वर, बेखौफ़ हँसी, चञ्चल गति, गुनगुनाना, उस सुबह, उस अवकाश में मौज़ूद था। एक मुक़ाम पर उन्होंने चित्र बनाना छोड़ पूछा, ''गजगामिनी' के Rough-cuts देखोगे?'' मैंने सहमति ज़ाहिर की। वे सब सामान हटाने लगे; रंग, ब्रश, पानी से भरा बर्तन, कैनवास, आदि सभी।

यह पहला मौक़ा है जब हुसेन ने अपने चित्र की क़ीमत मुझे बतायी। हुसेन से पिछले हज़ारों वर्षों की मुलाक़ात में मैंने जाना कि यह शख़्स कभी-भी अपने चित्र की क़ीमत को ले कर बात नहीं करता। मैंने पाया कि इस चित्रकार में यह माद्दा है कि आधे घण्टे की बातचीत के बाद भी बात कर सकता है। वे अपना बायोडाटा बताने में रुचि नहीं रखते हैं, न ही अपने चित्रों की क़ीमतों को तमगे की तरह सीने पर टाँगे घूमते हैं। मैंने कई सीना-चाक किये घूम रहे चित्रकारों को देखा है। हुसेन के इर्द-गिर्द रचनात्मकता के अलावा कुछ नहीं है। एक ऐसा फ़क़ीर जो इस आलम में है और यह आलम उसे छू नहीं पाता। एक सूफी चित्रकार। वे बता रहे थे कि 'गजगामिनी' फ़िल्म बनाने के लिए उन्होंने यह तय किया था, किसी से उधार नहीं लेना है। छः करोड़ की लागत से बनी यह फ़िल्म किसी एक मोड़ पर पैसे की राह तक रही थी। हुसेन ने फ़िल्म की शूटिंग फिल्मिस्तान और मेहबूब स्टूडियो में पूरी की। फ़िल्म के सेट पर उन्होंने अपना स्टूडियो बना रखा था। बीच के अवकाश में वे वहीं चित्र बनाया करते थे। माधुरी दीक्षित यदि मेकअप-रूम में है तो हुसेन अपने स्टूडियो में।

फ़िल्म का काम रुकने-रुकने को था। पैसा ख़त्म हो चुका था। हुसेन की चिन्ताएँ बढ़ रही थी कि एक दिन सेट पर मिलने आये एक व्यक्ति ने कहा–''मैं आपका चित्र ख़रीदना चाहता हूँ।'' हुसेन के 'पॉट बॉइलर' तैयार थे। इस व्यक्ति ने एक चित्र पसन्द किया। चित्र की क़ीमत चैक से अदा की। ''और तुम जानते हो

जब वह चैक मैंने देखा तो मन ही मन उछल पड़ा। मैं 'पड़ा' शब्द बहुत बोलता हूँ। सुनने में कैसा लगता है? ख़राब? हिन्दी में इस्तेमाल करते हैं न यह शब्द? ख़ैर! उन सज्जन ने मुझे एक चैक दिया जो कि फ़िल्म की शूटिंग जारी रखने के लिए काफ़ी था। मैंने फ़ोटो कॉपी कराकर रख लिया है।" वे जोर से हँस पड़े। मैं देख रहा था, मैं सुन रहा था, हुसेन अपने चित्र की क़ीमत बता रहे थे। उनकी हँसी। बहुत कुछ कहती-कहती-सी।

उन्होंने ओवेस को आवाज़ लगायी। (ओवेस हुसेन के सबसे छोटे बेटे हैं)। आवाज़ इतनी धीमी थी जिसे केवल मैं सुन सकता था। किन्तु आश्चर्य, ओवेस बाबा से आ कर पूछ रहा था, साथ ही बता भी रहा था, कि चित्र में धूसर रंग क्यों लगाया। ज़रा चमकदार चटकीले रंग लगाइए। हुसेन थोड़ी देर चित्र को देखते रहे और फिर ओवेस से ही पूछा, "क्या ये रंग धूसर हैं?"

ओवेस से उन्होंने 'गजगामिनी' के रफ कट्स दिखलाने के लिए कहा। हम लोग 'गज गामिनी' के रफ कट्स से पहले पेरिस में लूव्र की शूटिंग देख रहे थे। बीच-बीच में हुसेन फ़िल्म निर्माण और उससे जुड़ी हुई तमाम बातों को बता रहे थे।

"शुक्रवार को हमारे घर दाल बनती है।" खाने की मेज़ पर हुसेन अपने घर के क़ायदे बतला रहे थे। मेज़ पर पॉम्फलेट मछली, चावल, रोटी, 'बॉम्बे डक' और सब्ज़ी, रसोई से ला कर रखे जा रहे थे। "वर्षों से हमारे घर का यह नियम है कि शुक्रवार को दाल बने।" "क्या आपके घर रोज़ मांस पकता है?" "नहीं। रोज़ तो नहीं पकता, किन्तु शुक्रवार को दाल ज़रूर पकती है।"

खाना खाने के बाद हम लोग 'गजगामिनी' देखने बैठे।

पेरिस में 'मोनालिसा' के सामने माधुरी दीक्षित मोनालिसा का रूप धरे खड़ी है। माधुरी लूव्र में तमाम चित्रकारों की कलाकृतियों को हुसेन की नज़र से देख रही है। वानगॉग के व्यक्ति-चित्र के सामने माधुरी खड़ी है। हुसेन बोले, "इस छायाचित्र का शीर्षक है 'Oh! My Gogh!' " माधुरी दीक्षित, पेरिस, हुसेन की नज़र से देख रही है। हुसेन छायाचित्र ले रहे हैं, माधुरी दीक्षित पेरिस के एक रेस्त्राँ में चेरी खा रही है, माधुरी का सहज स्वभाव, हुसेन के चञ्चल, कहीं एक जगह न टिकने वाले स्वभाव को आत्मसात् कर रहा है। लूव्र में मोनालिसा भटक रही है। नात्रदोम की सीढ़ियों पर मोनालिसा बैठी है। मोनालिसा का पुनर्जन्म है। मोनालिसा के चेहरे पर मुस्कान है। मोनालिसा बीसवीं शताब्दी के अन्त पर खड़ी है।

"हम लोग सुलेमानी कहलाने लगे। हमारे धार्मिक गुरु यमन से आ कर यहाँ बस गये थे। उनका नाम

सुलेमान था। हमारा सम्प्रदाय यहूदी और हिन्दू धर्म के ज़्यादा नज़दीक है। बहुत सारी समानताएँ हैं। सुलेमानी सम्प्रदाय के बहुत कम लोग यहाँ हैं। आप देखें मेरे नाक-नक़्श तो आप जान जाएँगे कि मेरा धर्म क्या है। सुलेमानी सम्प्रदाय के लोग तरक़्क़ीपसन्द, बुद्धिमान और खुले दिमाग़ होते हैं। तरक़्क़ीपसन्द 'प्रगतिशील' अर्थ में नहीं लेना।

''अब तो कला संसार में ओछे या कहें चोर दिमाग़ फैले पड़े हैं।''

''हुसेन हमारा सरनेम नहीं था। 1952 में पासपोर्ट बनवाते वक़्त मैंने हुसेन सरनेम लिखा दिया और अब हमारे परिवार का सरनेम है। मैं पहली बार जब विदेश गया, तो चीन गया था। चीन में उन दिनों औरतें भी वर्कर्स यूनिफॉर्म पहनती थीं। पूरे देश में तरक़्क़ी का जज़्बा फैला हुआ था। मैंने पहली बार चीनी चित्रकला नज़दीक से जानी। एक स्ट्रोक में चित्र पूरा करने का महत्त्व समझा।''

''बाबा यह देखिए, यह बहुत जमेगा, 'गजगामिनी' के होर्डिंग के लिए। देखिए, यह लेंस आँख से लगाकर, इस पारदर्शी को देखिए। बिल्कुल मक्खन है मक्खन।''

''नहीं, ये सब नहीं चलेगा। मैं माफ़ी चाहता हूँ। होर्डिंग पर ये सब नहीं चाहिए। मैं चाहता हूँ 'गजगामिनी' का पीछे से लिया गया छायाचित्र हो। गज गामिनी।''

''आप इन्हें कुछ इस तरह रखिए, देखिए! आप बुरा न मानें। ये दो आकार रखने पर बीच की ख़ाली जगह, बीच का अवकाश एक आकार में तब्दील हो। भूल जाइए 'गज गामिनी' और दूसरी सब बातें। इसको पास-पास रखने पर क्या आकार जन्म ले रहा है, मेरी दिलचस्पी इसमें है। आप कुछ भी रखें। एक कहावत है। चीनी कहावत–Master Painter creats where he has not touched his brush.''

''मैं यह सब नहीं दिखाना चाहता हूँ। 'ताल' की क्या रिपोर्ट है? ऐश्वर्या राय की पहली इनिंग तो अच्छी थी, इस बार कैसा खेली?''

कार में बैठे हुसेन को सुनना कठिन जान पड़ता है। वे वर्षों से कार में आगे की सीट पर बैठते हैं। ड्राइवर के पास। शायद उन्हें पहले पहुँचना पसन्द है।

''भारतीय स्त्रीत्व में एक ख़ास बात है। 'गजगामिनी' बनाने के पीछे यही कारण है। एक समय ऐसा आया कि मैं सिर्फ़ माधुरी को ही देख पाता था। हर स्त्री में मुझे वही दिखायी देती थी। 'हम आपके हैं कौन' जब पहली बार देखने गया तो इण्टरवल के पहले ही लौट आया था। इस कदर बुरी फ़िल्म है। दोबारा जब

मैंने वो गाना देखा जिसमें माधुरी पीछे लौटती दिखायी देती है तो मैंने देखा कि कितनी सुन्दर 'चाल' है। यही मैं चाहता था। गज गामिनी। गुप्तकाल की मूर्ति। आपने देखी होंगी वे मूर्तियाँ। वे नितम्ब। वो चाल। फिर मैंने कई बार फ़िल्म देखी। सेल्फ एडिटिंग करता था। सिर्फ़ माधुरी जब परदे पर आती तो मैं आँखें खोल लेता। बाक़ी समय आँखें बन्द किये कल्पना करता माधुरी की चाल की।''

वे देख रहे थे भारतीय स्त्रीत्व और पारम्परिक मूर्तिकला का आपस में सम्बन्ध और उनके बीच के अवकाश में जन्म लेती गजगामिनी। वे भारतीय स्त्रीत्व के रास्ते देख पा रहे हैं।

सितम जरीफि-ए-उलफ़त तो देखिए या रब  
कि जिस कली को सूँघा, बू-ए-यार आये।

''मेरी हालत अख्तर शिरानी के इस शेर जैसी हो गयी। सब तरफ़ माधुरी। गजगामिनी नज़र आये।''

''बहुत-सी नायिकाएँ हैं फ़िल्म इण्डस्ट्री में, किन्तु किसी में वो बात नज़र नहीं आती। जो बॉडी लेंग्वेज़ माधुरी के पास है। जो उनका चलना है। वो ही ख़ास बात है। किसी में यह बात नहीं है। दूसरी बेहतर नायिका काजोल है।''

ड्राइवर से उन्होंने कहा, ''वो जो सँकरी गली है, वहाँ चलो। अरे! हम परसों शाम को गये थे उस जगह, जहाँ बहुत तंग रास्ता है। नीचे जाता हुआ-सा।''

उन्हें रास्ता पता नहीं था, न नाम। मंज़िल पता थी। वे बहुत अच्छी तरह से बता रहे थे उस जगह के बारे में, जहाँ जाना था।

''फ़िल्म बनाते हैं किन्तु सिनेमेटोग्राफ़ी लोग जानते नहीं हैं। ये समझ थी ऋत्विक घटक में। सत्यजीत रे की 'देवी' फ़िल्म देखी है आपने? सत्यजीत रे का घर ऐसा ही था, बिखरा हुआ, चारों तरफ़ सामान और किताबें। इन सबके बीच आराम कुर्सी पर वे बैठे रहते।

''फ़िल्म की भाषा अलग है। मैंने सारी रूढ़ियाँ इस्तेमाल की हैं। सारी फ़िल्मी रूढ़ियाँ। फ़िल्म के गाने कालिदास, रवीन्द्रनाथ टैगोर, जावेद अख्तर और मैंने लिखे हैं।''

हुसेन एक ऐसे चित्रकार हैं जो रूढ़ियों से शुरू करते हैं और अन्तःप्रज्ञा तक पहुँचते हैं। चित्र बनाते हुए वे इन्तज़ार करते हैं अन्तर्दृष्टि तक पहुँचने का।

''गजगामिनी' बनाने में मैंने कई साल लगाये। शूटिंग छः माह में पूरी की। अब फ़िल्म टेबल पर है। शूटिंग से ज़्यादा महत्त्वपूर्ण है। फ़िल्म अब बन रही है।''

"फिल्मी दुनिया में रैकेटियर्स हैं। ललित कला अकादेमी की तरह। ये रैकेटियर्स सिर्फ़ काम न करने देने के लिए हैं। प्रतिभाहीन लोगों का समूह प्रगतिशील बना घूम रहा है।"

"मुझे दो हज़ार बाँस चाहिए थे। जंगल का दृश्य था। रैकेटियर्स ने हिसाब लगाया—तीन लाख रुपये। पन्द्रह दिनों का किराया तीन लाख, लाना ले जाना, सब उसमें शामिल था; होर्डिंग बनाता था उन दिनों, काफ़ी लोगों से पहचान हो गयी थी। मैं उसी शाम घूमते हुए उस जगह पहुँचा, जहाँ ये लकड़ी, बाँस आदि सप्लाई करने वाले होते हैं। उनका काम ही फ़िल्म नगरी को यह सब सामान किराये पर उपलब्ध कराना है। आपको पता है कितना पैसा माँगा उन्होंने, नौ हज़ार। सिर्फ़ नौ हज़ार।

"छः करोड़ रुपया लगा है फ़िल्म में। मैंने सब कुछ लगा दिया इसमें। एक बार तो फ़िल्म बनानी ही है। पूरी करनी है। फ़िल्म बेचना नहीं है। सिर्फ़ एक और वन मैन शो। कई डिस्ट्रीब्यूटर्स ख़रीदना चाह रहे हैं। मैंने सब को मना कर दिया है। फ़िल्म सिर्फ़ फ़िल्म नहीं है। फ़िल्म के साथ मैंने सोचा है एक चित्र प्रदर्शनी, किताबों की प्रदर्शनी, फ़िल्म के उपयोग में लाये आहार्य, सेट का कुछ हिस्सा यह सब 'गज गामिनी' जाने वाले को देखने को मिलेगा। जैसे गैलरी में जाते हैं प्रदर्शनी देखने। बस वैसी ही एक और प्रदर्शनी।"

'गजगामिनी' हुसेन का सेल्यूलाइड पर चित्र है। छविगृह दीर्घा है।

कार, साउण्ड रिकॉर्डिंग के स्टूडियो पहुँच चुकी है। हुसेन देख रहे हैं जो अभी तक रिकॉर्ड किया जा चुका था। फ़िल्म में सिर्फ़ हवा और पानी की आवाज़ है और किसी आवाज़ का इस्तेमाल नहीं कर रहा हूँ। आप जानते हैं न उनको, अनुराधा पॉल, वे बहुत अच्छा तबला बजाती हैं, बाक़ी सारी आवाज़ें तबले पर होंगी। पहले सोचा था जाकिर को कहूँ, फिर उनसे मिला। बहुत ही अच्छा बजाती हैं, उन्होंने कई बड़े उस्तादों के साथ बजाया है। रविशंकर और कई।"

हम लोग 'चायना गेट' नाम की चायनीज़ रेस्त्राँ में हुसेन की पसन्द का चीनी खाना खा रहे थे। लज़ीज और लाजवाब।

मक्खन है मक्खन, कहने वाले के पास हुसेन के लिए फ़ोन आता है। फ़ोन सुन कर वे बेचैन हो गये। फ़ोन वे ध्यान से सुनते हैं। सेंसर बोर्ड के सदस्यों ने प्रोमो के लिए रवीन्द्रनाथ टैगोर का गाना सेंसर कर दिया है, यह ख़बर उन्हें फ़ोन से मिली। "कितने अजीब लोग हैं। वे उस गाने को अभद्र कह रहे हैं। आप बताइए, क्या आपको लगता है वो गाना अभद्र है। गोविन्दा जब कमर को झटके देते हैं, उसे पास कर देते हैं। इस गाने में कुछ भी नहीं है और उसे नहीं दिखाने की सलाह दे रहे हैं। 'ए' सर्टिफिकेट दे दें। मैं फ़िल्म सिर्फ़ कुछ

दोस्तों को दिखाना चाहता हूँ। बस! मेरी इच्छा है फ़िल्म कुछ ही लोग देखें जिन्हें समझ है। वैसे भी यह फ़िल्म तो थिएटर के लिए बनायी ही नहीं। आपने देखी। बस ऐसे ही कुछ दोस्तों के साथ बैठकर देखना चाहता हूँ। पैसा कमाना मेरा उद्देश्य नहीं है।'' हुसेन उन तमाम ज़्यादतियों का ज़िक्र करते रहे जो फ़िल्म सेंसर बोर्ड ने कई निर्देशकों के साथ की हैं। हुसेन फ़िल्मी दुनिया के इंसाइडर की तरह बात कर रहे थे। उन्हें सारी ख़बर थी।

''आपने तो अपने चित्रकला के संसार से मुझे बाहर निकाल दिया; अब मैं फ़िल्म बना रहा हूँ।'' हुसेन ने मुझसे कहा। मैंने तत्काल ही जवाब दिया–''ऐसा नहीं है, आपने एक संसार की उस्तादी हासिल कर ली है, अब दूसरे को आज़मा रहे हैं।''

ये कौन-सा मोड़ है उम्र का, जिसमें हुसेन माधुरी को ले कर 'गजगामिनी' बना रहे हैं?

फ़िल्म का किरदार है लियोनार्दो दा विंची। अभिनेता नसीरूद्दीन शाह। वेशभूषा सोलहवीं शताब्दी की। मेकअप स्वामीनाथन का।

लियोनार्दो दा विंची के दो चित्र महत्त्वपूर्ण हैं–'मोनालिसा' और 'लास्ट सपर'। 'गजगामिनी' के एक दृश्य में 'लास्ट सपर' का अभिनय है। 'लास्ट सपर' की पुनर्रचना। इस बार टेबल के इर्द-गिर्द।

मैं उन्हें बता रहा था, अभी तक मैंने कई 'लास्ट सपर' देखे हैं। लियोनार्दो दा विंची का, लास्ट सपर, इन सबके केन्द्र में है। आन्द्रे सिरानो, सल्वाडोर डाली, एण्डी वारहोल, ख़ुद हुसेन के दो लास्ट सपर, फ्रांसिस न्यूटन सूजा आदि सभी चित्रकारों ने 'लास्ट सपर' में जीसस और उनके बारह शिष्यों को मेज़ के दूसरी तरफ़ ही खड़ा या बैठा दिखाया है। कुछ-कुछ फ़ोटोग्राफ़ खिंचवाने के लिए खड़े हैं की मुद्रा में। यह सम्भवतः लीनियर पर्सपैक्टिव की सीमा भी है। अन्यथा यह कैसे सम्भव है कि तेरह लोग एक मेज़ पर खाना खाने बैठें और सभी एक तरफ़। मैंने ओरछा में इसी विषय पर एक चित्र बनाया है। शीर्षक है–'लास्ट सपर अराउण्ड द टेबल'। इस चित्र में देखने का बिन्दु टेबल के ऊपर है।

हुसेन के 'लास्ट सपर इन रेड' और 'लास्ट सपर इन ब्लू' में शिष्यों के अलावा अन्य कई वस्तुएँ हैं। मेज़ को तोड़ा भी गया है। लाल में देवदूत हैं और नीले में असुर।

रेम्ब्राँ के 'नाइट वॉच' को जब मैंने पहली बार देखा तो मेरी आँखों में आँसू थे। मैंने जाना कि रंगों का अध्यात्म क्या होता है। मुझे महसूस हुआ कि ब्रश की ताक़त क्या है!

एक चीनी कहानी है–''एक युवक धनुर्विद्या सीखने गुरु के पास गया। गुरु ने एक तीर देते हुए कहा, 'एक साल तक इसके साथ रहो। खाना-पीना-सोना-उठना-बैठना सभी, याने एक पल के लिए भी इसे

अपने से अलग न करना।' एक साल बाद युवक वापस लौटा। गुरु ने इस बार उसे कमान देते हुए वही दोहराने को कहा। अगले साल शिष्य फिर आया तो आदेश हुआ कि अब तुम दोनों के साथ एक साल रहो। बरस बीतने पर जब दोनों की भेंट हुई, गुरु ने एक बतख की ओर इशारा करते हुए कहा, 'इसकी गर्दन पर तीर चलाओ।' शिष्य ने सन्धान किया, तीर खच्च से गर्दन पर जा लगा। गुरु ने निराश स्वर में कहा, 'अभी तुम्हें साधना करनी चाहिए। तुम दूसरों के सामने ख़ुद को सिद्ध करना चाहते हो। धुनर्धर वो है जिसके हाथ से तीर न छूटे।''

मैं हुसेन के उस बड़े से ब्रश को देख रहा था जिसे वे हमेशा अपने साथ रखते हैं।

पेरिस में लूव्र, लूव्र में मोनालिसा शाँज़े-लिज़े पर मोनालिसा नात्रदोम की सीढ़ियों पर बैठी इन्तज़ार कर रही है शताब्दी के अवसान का।

''कल आप मेहबूब स्टूडियो आ जाइये। मैं बान्द्रा ही आ रहा हूँ। वहीं मुलाक़ात होगी। फिर साथ चलेंगे।'' मैं बतायी जगह पर पहुँचा और इन्तज़ार करता रहा। हुसेन इन्तज़ार करा रहे थे। लम्बे इन्तज़ार ने मुझे हुसेन के घर फ़ोन करने को प्रेरित किया। पता चला हुसेन निकल चुके हैं। मैंने मोबाइल नम्बर लगाया। हुसेन ने कहा मैं रास्ते में हूँ, पहुँच रहा हूँ जब तक आप एक-दो फ़िल्मों में रोल कर लीजिए। महबूब स्टूडियो में कई शूटिंग चल रही थीं। मुझे टहलते देख चौकीदार को निश्चय ही शक हुआ होगा कोई क़िस्मत का मारा फिर बम्बई हीरो बनने आ गया।

हुसेन के साथ सनी देओल के रिकॉर्डिंग स्टूडियो पहुँचे जहाँ कोई न था। वहाँ से हुसेन जुहू गाँव की गली में ले गये जहाँ वे एक पुरानी नयी-नयी सी दुकान पर चाय पीने और मराठी अख़बार पढ़ने अक्सर जाते हैं। वहाँ से हम दोनों टहलते हुए लौट रहे थे। मैंने देखा कि सामने से दो लड़कियाँ और उनके साथ दो लड़के आ रहे हैं। लड़कियाँ हुसेन को देख कर बातें कर रही थीं। हम लोग चलते-चलते उनके पास से गुज़र गये। थोड़ा-सा आगे जाने पर मैंने पाया कि वे दोनों लड़कियाँ पीछे से भागती आ रही हैं। मैंने कहा, ''आपका आटोग्राफ़ लेने लड़कियाँ आ रही हैं।'' हुसेन ने पलटकर देखा।

''लड़कियाँ बहुत बोल्ड होती हैं।'' हुसेन ने कहा।

हुसेन बहुत बातें करते हैं। लगातार बोलते रहते हैं। उन्हें यह ख़याल नहीं रहता कि वे अपने को दोहरा रहे हैं। स्वामीनाथन की भी यही आदत थी। अम्माजी अक्सर उन्हें टोक देती थीं। किन्तु हुसेन और स्वामी दोनों ही अपने दोहराने को हमेशा नये की तरह सुना जाते हैं।

सेंसर बोर्ड द्वारा प्रोमो के लिए रवीन्द्रनाथ टैगोर के गाने को सेंसर किये जाने पर हुसेन दुखी हैं। 'चार अध्याय' का अन्तिम दृश्य जो कुछ ही सैकण्ड का है, का काटा जाना दर्शाता है कि बोर्ड के सदस्य फ़िल्म के प्रति उदासीन रहकर मनमानी करते हैं। छोटे दिमाग़ के पास शक्ति आने का परिणाम मनमानी ही हो सकता है। स्वामी इन्हें मँझोली समझ का कहते थे। मीडियॉकर।

''तैय्यब के यहाँ चलें?'' हुसेन ने पूछा और ड्राइवर से कहा, ''चलो।'' ''...तैय्यब इस फ़िल्म का थिंक टैंक हैं। उन्होंने बड़ी अच्छी फ़िल्म बनायी है–'बुल'। आपने देखी है? फ़िल्म में तैय्यब की खोपड़ी है।'' हुसेन ने यह बात श्लेष में कही। फ़िल्म में तैय्यब मेहता का शिल्प 'बुल्स हेड' आहार्य के रूप में मौजूद है।

सकीना जी ने चाय बनायी और हुसेन ने बताया कि कैसे तैय्यब चाय नहीं ज़हर बनाते हैं।

हुसेन तैय्यब के साथ देर तक सेंसर बोर्ड के प्रति नाराज़गी व्यक्त करते रहे।

'I afford to be a fool' यह वाक्य हुसेन ने हँसते हुए कहा, ''मैंने अपने चार संग्रहालय बनाये। अब मैं सोचता हूँ क्यों? क्या ज़रूरत थी इनकी? चारों संग्रहालयों में से सिर्फ़ बैंगलोर में काम हो रहा है। बाक़ी मेरे बस में नहीं है। मैंने बिला-वजह अपना समय बरबाद किया।''

''मैं चित्रकार बनना नहीं चाहता था। मैं तो फ़िल्म बनाने के लिए ही बम्बई आया था।''

''गजगामिनी' के बारे में मैं लगातार सोचता था। जब मेरी यह हालत घर वालों ने देखी तो सोचा अब मैं सठिया गया हूँ। अस्सी साल की उमर में मेरा हाल बुरा था। लगातार मेरे सिर पर 'गजगामिनी' सवार थी। हर वक़्त उसी की बातें करना, चित्र बनाना, स्क्रिप्ट लिखना, एक जुनून-सा तारी था मुझ पर। मेरी हालत कुछ इस तरह बयाँ की जा सकती है–

ज़ोक़ ए फिराके यार में इतना नहीफ हूँ
कि नादिम हुई क़ज़ा मेरा बिस्तर टटोलकर।

लखनऊ के बड़े पुराने शायर ने कहा है यह। मौत मेरा बिस्तर टटोलकर शर्मिन्दा हो गयी। 'मायानगरी' में माधुरी और मुझे ले कर बहुत-सी बकवास लिखी जा रही थी। मुझे ख़राब लगा। मेरे कारण एक स्त्री की बदनामी हो रही है। एक दिन मैं माधुरी के घर गया और उनके माता-पिता सबके सामने कहा, 'देखिए, आपकी काफ़ी बदनामी हो रही है। मैं अत्यन्त शर्मिन्दा हूँ कि आपको यह सब सहन करना पड़ रहा है। मैं सोचता हूँ फ़िल्म बन्द कर दूँ।'

माधुरी बहुत समझदार है। उन्होंने कहा 'आप फ़िक्र न करें। यह सब चलता रहता है। फ़िल्म बनेगी।'

''एक दिन मैंने माधुरी से कहा, आप अस्सी बरस की होतीं और मैं पैंतीस का तब भी 'गजगामिनी' आपको ही ले कर बनाता।''

मैं सोच रहा था फ़िल्म माध्यम को अस्तित्व में आये बमुश्किल सत्तर बरस हुए होंगे, और ऋत्विक घटक, मणि कौल, कुमार शाहनी, हुसेन जैसे अत्यधिक जटिल और अमूर्तता में माध्यम को बरतने वाले फ़िल्म निर्देशक शायद ही किसी देश में इतने हुए हों।

हुसेन, मैं और ओवेस खाने की मेज़ पर थे। खाने में आज चिकन बिरयानी थी, एक और आकर्षण था–सेवैंया।

'गजगामिनी' फ़िल्म की शूटिंग है। फ़िल्म के लोग आये हुए हैं; ओवेस उनके साथ व्यस्त हैं। हुसेन फ़िल्म का कथासार लिख रहे हैं।

''मैं चीन के बाद रूस गया। उन दिनों प्रगतिशील संघ और इप्टा बहुत सक्रिय थे। मेरा उठना-बैठना इन्हीं लोगों के साथ था। सभी ये मानते थे कि मेरा झुकाव मार्क्सवाद की तरफ़ है। सूज़ा तो थे ही सदस्य। किन्तु मैं इन सबसे दूर था। न इधर, न उधर, मेरा रास्ता बीच में था। यह बात मुझे साफ़-साफ़ पता थी। दोस्त मुझसे कहते थे, तुम पहले चीन गये फिर रूस, तुम्हें अमरीका का वीसा नहीं मिलेगा। पहले अमरीका वीसा लेने के लिए शपथ लेनी होती थी। हाथ उठा कर कहना पड़ता था मेरा कम्युनिस्ट विचारधारा से कोई सम्बन्ध नहीं है। मैं गया। अमरीका गया और पाँच दिनों में लौट आया। रॉकफेलर फैलोशिप मिली थी मुझे। कोई अमरीकी महिला थी। उनके तीन मंज़िला मकान में ठहरने का प्रबन्ध था। तीन दिन हो गये थे मुझे आये हुए और रोज़ सुबह मुझे एक स्लिप मिलती थी, आज यहाँ जाना है या यह देखना है, वह करना है। मुझे लगा मैं यहाँ छात्र की हैसियत से नहीं आया हूँ। चित्र बनाने हैं। बड़ी नज़र रखी जाती थी मुझ पर। मैं बेचैन हो गया। एक दिन सुबह मैंने अपना सारा सामान वहीं छोड़ा और सीधा एयरपोर्ट पहुँचा। रिटर्न टिकिट था ही मेरे पास। बस वापस आ गया।''

हुसेन ने फ़िल्म में कई समय गूँथ दिये हैं। कामदेव और दा विंची साथ-साथ घूम रहे हैं। मोनिका और शाहरुख उसी समय में हैं जहाँ कालिदास और सी.वी. रमन हैं। शकुन्तला और संगीता 'गजगामिनी' और मोनिका। मल्लिका बिलग्रेट आने वाली शताब्दी की नायिका, ये सब एक साथ हैं एक समय में; यह अनन्त काल में विचरण करती गजगामिनी है।

यह कई समय, हुसेन का अपना समय है।

‘‘एक बार आपने अपने किसी कैटलॉग में लिखा था Let history cut across me. यह फ़िल्म इतिहास को नकारने का उद्यम है।’’

‘‘हाँ, मैंने लिखा था। बड़ा अहंकार है उस वाक्य में। क्या आपको नहीं लगता?’’

फ़िल्म में प्रेम है। फ़िल्म अतियथार्थवादी है। फ़िल्म प्रतीकों से भरी है।

फ़िल्म के कई दृश्यों में ‘बिटवीन स्पाइडर एण्ड द लैम्प’ का लैम्प जल रहा है।

‘‘मैंने छः साल पहले गजगामिनी बनायी थी। गजगामिनी का रोल रईसा ने किया। रईसा मेरी बेटी है। फ़िल्म छः मिनिट की है। फिल्मिस्तान किराये पर ले कर बाक़ायदा शूटिंग की।...ओवेस।’’ हुसेन ओवेस को आवाज़ लगाते हैं।

छः मिनिट की फ़िल्म में दिखायी देता है हुसेन कितनी शिद्दत से गजगामिनी बनाना चाह रहे थे।

(1999)

# पहचान का प्रश्न

पाँच कुमारियाँ–पञ्च कन्या का अर्थ यही है–इनमें सभी ने एक से ज़्यादा पुरुषों के साथ संसर्ग किया है। इन कन्याओं में पहला नाम अहिल्या का है, गौतम ऋषि की पत्नी। वैदिक साहित्य में देवताओं के राजा इन्द्र को अहिल्या के 'जार' के रूप में याद करते हैं। द्रौपदी का विवाह पाँच भाइयों के साथ हुआ। तारा, बाली की पत्नी, राम के द्वारा बाली को मारे जाने पर उसके छोटे भाई सुग्रीव से विवाह करती है। तारा की ही तरह मन्दोदरी का विवाह राम के ही द्वारा रावण वध के बाद छोटे भाई विभीषण से हुआ। कुन्ती चार देवताओं को अपने पुत्रों को पिता बनने के लिए आमन्त्रित करती है।

कन्या शब्द 'कन्' धातु से बना है। जिसका अर्थ है 'सन्तुष्टि की इच्छुक' या वह जिसे सन्तुष्ट किया जाना है। पर जिसका हायमन, ग्रीक देवता, जो अपनी शादी के दिन ही मृत्यु को प्राप्त होता है, सुरक्षित है।

(वागीश शुक्ल–कैटलॉग पञ्च कन्या)

समकालीन कला के भारतीय मानक क्या हैं? इस प्रश्न के साथ जूझते हुए पञ्च कन्या का ज़िक्र संयोगवश नहीं आया है। पञ्च कन्या की उपस्थिति हर उस घटनाक्रम में है जहाँ कुछ नया रचा जा रहा है, जहाँ से संसार का देखना बदल रहा है। भारतीय पहचान को ले कर पिछले कुछ वर्षों में काफ़ी अटकलबाजी की जा चुकी है और यह पहचान मिथक, तन्त्र व गरीबी के चित्रण में सिमटकर रह गयी है। यह वह पहचान है जिसे ज़्यादातर भारतीय 'विदेशी दृष्टि' से पहचानते हैं। इन सब पहचानों में जैसा 'वे' देखना चाहते हैं, भारतीय पहचान तय की गयी है। इस भारतीय पहचान को समझने के लिए मैं दो चित्रों का उल्लेख यहाँ करना चाहूँगा, जिनका सम्बन्ध पञ्च कन्या से है और यह दोनों चित्र अलग-अलग स्थान और अलग-अलग चित्रकारों ने बनाये हैं। इन दोनों चित्रों के दो महत्त्वपूर्ण चित्रकार पाब्लो पिकासो और मक़बूल फ़िदा हुसेन हैं जो दो अलग सँस्कृतियों से आते हैं। बीसवीं शताब्दी के प्रारम्भ, 1907 में जब पिकासो 'ले देमोजेल दा आविन्यों' बना रहे थे, तो वे देख पा रहे थे उबाऊ यथार्थवादी चित्रों में अभिव्यक्ति की सीमित उड़ान के बीच से एक नया रास्ता। यहाँ से वे कला के विस्तार के लिए या यों कहें कि कला के टहलने के लिए एक और दरवाज़ा खोलते हैं। यह संयोग ही है कि भारतीय चित्रकला जगत में 49 वर्ष बाद यही काम हुसेन ने 'Between Spider and the Lamp' चित्रित कर किया। मक़बूल फ़िदा हुसेन भी जब यह चित्र रच रहे थे तो भारतीय चित्रकला जगत् वही उबाऊ यथार्थवाद मिथक का मुखौटा ओढ़े अपने वीभत्स रूप में फैला हुआ था। ग्राम्य जीवन का चित्रण, तन्त्र की अधूरी समझ, भारतीय चित्रकला की दिशा निर्धारित कर रही थी और यह सब वैभवशाली अतीत की दुहाई देते हुए रचा जा रहा था। इन दोनों ही चित्रों में पाँच स्त्रियाँ हैं : पञ्च कन्या। एक तरफ़ आविन्यों की पाँच कुमारियाँ हैं तो दूसरी तरफ़ पञ्च कन्याएँ मकड़ी और लालटेन के बीच अपना यौवन फैलाये हैं। यदि 'ले देमोजल' की पाँच स्त्रियाँ फ्रांस में रहकर कला जगत् की गतिविधियाँ बदल चुकी थीं तो 1956 में मकड़ी और चिमनी के बीच खड़ी पाँच स्त्रियाँ भी आज़ादी के बाद के भारत में नये कला संसार को जन्म दे रही थीं। 'ले देमोजेल' की स्त्रियाँ जितनी गतिशील और चञ्चल हैं उतनी ही शीघ्रता से यूरोप की कला गतिविधियाँ भी बदली हैं। एक के बाद दूसरे वाद का प्रचलन व लगातार एक से दूसरी मान्यताओं का खण्डन-मण्डन होता रहा। जिस तरह मकड़ी और चिमनी के बीच खड़ी पञ्च कन्या शान्त और निश्चल है। ठीक वही धीमा परिवर्तन भारतीय चित्रकला जगत् में देखने को मिलता है। पिकासो की पाँच स्त्रियाँ अपने होने में प्रतियोगी दिखायी पड़ती हैं जबकि हुसेन की पाँच स्त्रियाँ एक दूसरे को देखती-समझती, साथ हैं और उसी वक़्त एक दूसरे से उदासीन खड़ी हैं।

मुझे याद आ रहा है जब मैंने पहली बार 'Between Spider and the Lamp' चित्र की अनुकृति देखी थी। मैं कला महाविद्यालय में तृतीय वर्ष का छात्र था। हमारे प्राचार्य स्व. चन्द्रेश सक्सेना ने यह चित्र उसी दिन

महाविद्यालय में आयी हुसेन की एक मोटी किताब से दिखाया और सभी विद्यार्थियों को वे बड़ी देर तक इस चित्र के बारे में बताते रहे। उनका यह मत था कि ये पाँच स्त्रियाँ देह का व्यापार करने वाली स्त्रियाँ हैं। साक्ष्य के तौर पर वे चित्रों में बने प्रतीकों का इस्तेमाल व उन स्त्रियों के हाव-भाव से समझाते रहे। जब हम लोग वापस अपनी कक्षा में पहुँच गये तो कुछ देर बाद उन्होंने मुझे व दो अन्य छात्रों को फिर से बुला कर किताब में वही चित्र खोलकर दिखाया और बोले, "क्या तुम लोग यह बता सकते हो कि यह क्या लिखा है?" चित्र के ऊपरी हिस्से में कुछ प्रतीक और देवनागरी लिपि के कुछ टूटे-फूटे चित्रित शब्दों को हम लोग बहुत देर तक ताक़ते रहे और पढ़ने में निष्फल रहे। हमारे मना करने पर उन्होंने पहले हम सबके चेहरे देखे मानो कहना चाहिए या नहीं, यह तय कर रहे हों फिर धीमी रहस्य-भरी आवाज़ में बोले, "माँ की गाली लिखी है।" कई दिनों तक हम लोग उस चित्र को लगातार जा कर देखते रहे और कोशिश करते रहे कि आख़िर किस भाषा में यह लिखा गया है? कुछ समय बाद यह बात आयी-गयी हो गयी, लेकिन इस चित्र से हम लोगों का एक सम्बन्ध बन गया। मेरे ख़याल से चन्द्रेशजी शायद यही चाहते थे। कई वर्ष बाद जब यह चित्र देखा तो पहले उसी गाली को ढूँढ़ता रहा।

इन स्त्रियों के अलावा इन दोनों चित्रों की रंग-योजना में भी कुछ समानता है। बाँयीं तरफ़ खड़ी स्त्री—गुलाबी और हल्के भूरे रंग से, दोनों ही चित्रों में हैं। साथ ही, चित्र की प्रमुख स्त्री, पीले रंग से बनी हुई है। स्त्रियों के कपड़ों में सफ़ेद अथवा पूरे चित्र में भूरे और काले रंग का भरपूर इस्तेमाल दोनों में ही दिखायी देता है। दोनों ही चित्रों में स्टिल लाइफ भी है। चित्र के पार्श्व में हुसेन ने यदि लाल रंग लगाया है तो पिकासो ने नीला रंग लगाया हुआ है। यही एक फ़र्क़ नज़र आता है।

यहाँ इन दोनों चित्रों का उल्लेख मैं इसलिए भी कर रहा हूँ कि इन दोनों चित्रों को देखते वक़्त ख़याल नहीं आता है कि एक का चित्रकार स्पेन से आया है और दूसरे का भारत से। अक्सर चित्रों की विषय-वस्तु से हम उनकी पहचान निर्धारित करने लगते हैं, जैसे हाथी का चित्रण यूरोपीय चित्रकार के लिए वर्जित हो अथवा भारतीय चित्रकार न्यूड नहीं पेण्ट कर सकता। रंग रेखा अथवा रूप की तात्कालिकता चित्रों में स्थानीयता का प्रभाव ज़रूर पैदा करती है, किन्तु वह पहचान स्थान-विशेष की न हो कर चित्रकला की बन जाती है। फ्रांस की गुफ़ाओं में मिले प्रागैतिहासिक चित्र भीम बैठका की गुफ़ाओं में बने चित्रों से भिन्न नहीं हैं। अफ्रीका की जनजातियों द्वारा बनाये जाने वाले चित्र मध्यप्रदेश के बहुत से आदिवासी जनजाति के चित्रों से मिलते हैं। आस्ट्रेलियन एबोरिज़नल चित्रों का अलंकरण मण्डला की गौण्ड जाति द्वारा किये जाने वाले अलंकरणों की तरह ही है।

चित्रकला रूप, रंग, रेखाओं का वह अनुभवजन्य प्रकटन है जो किसी विशेष कारण से नहीं पैदा हो रहा है। हम उसे किसी विशेष कारण से पैदा हुआ मान कर उसमें 'मानक' देखने का फ़िज़ूल प्रयास कर रहे हैं। कवि अज्ञेय के शब्दों में ''एक सौन्दर्योपासना होती है जो वास्तव में भाव-विलासिता होती है। 'मेरे मन में करुणा उपजी : अहा-हा, देखो मेरी करुणा कितनी सुन्दर है।' लेकिन इसलिए सभी सौन्दर्यबोध को विलासिता ठहरा देना अन्याय भी है, मूर्खता भी : सभी भावों को आत्ममुग्ध मान लेना मूर्खता भी है और क्रूरता भी। ऐसे भाव होते हैं जो दूसरों की ओर बहते हैं, ऐसे भाव होते हैं जिनमें दूसरों से साझा करने की, अपने को सम्पूर्णतया बल्कि सम्पूर्णतर रूप से दूसरों को दे देने की एक अनिवार्य प्रेरणा होती है। ऐसे ही भाव सम्प्रेषण का सेतु बनाते हैं और ऐसा हर सेतु सुन्दर भी है, मूल्यवान भी। (और, हाँ, कल्याण भी, और टिकाऊ भी।) और ऐसे सौन्दर्य के साथ जुड़ने की चाहना, उसकी क्षमता, विलासिता नहीं है, मानवता का एक अमूल्य गुण है।'' (शेषा–अज्ञेय)

समकालीन कला में भारतीय मानक ढूँढ़ना, 'क्या भारतीय है' यह तय करने के बाद ढूँढ़ा जा रहा है। यह आत्ममुग्धता या आत्मरति है। अफ्रीकन कला के मुखौटों में छुपी चमत्कारिक शक्ति को पिकासो ने देखा और उसे उसकी स्थानीयता से मुक्त कर दिया। इसका कारण ढूँढ़ कर हम उसे अफ्रीका की स्थानीयता में पहुँचा तो सकते हैं किन्तु इससे चित्रकला में जो परिवर्तन हुए उन्हें नज़रअन्दाज़ नहीं कर सकते। मेरी दृष्टि में यह पिकासो की चित्रकला में अफ्रीकन कला का प्रभाव नहीं था, बल्कि अफ्रीकन कला की सम्भावना का पिकासो द्वारा पहचाना जाना था। यह काम पिकासो नहीं करते तो कोई और करता। इसमें पिकासो स्पेन से आ कर फ्रांस में बसे और अफ्रीकन चित्रकला से प्रभावित हो कर चित्र बना रहे हैं तो यहाँ किस तरह की पहचान उन पर चस्पां की जाए?

महत्त्वपूर्ण यह नहीं है कि उनकी पहचान क्या है? बल्कि यह है कि उन्होंने क्या रचा है। इसमें जो भाव 'दूसरों के साथ साझा कर रहे हैं' परिवर्तन उसी का परिणाम है। यह विस्तार है। उस विचार की निरन्तरता है। यही 'सेतु सुन्दर भी है'।

(1997)

# वर्ण और वर्णन : कुछ पहलू

चित्रकला की क्या भाषा है? यदि है तो उसका क्या व्याकरण है? इन प्रश्नों के उत्तर पुस्तकों में नहीं मिलते, आपको कई भाषाएँ और उनके निजी व्याकरण दिखायी देते हैं। स्वामीनाथन की चित्रभाषा हुसेन की भाषा से भिन्न है। पिकासो का व्याकरण पॉल क्ली के व्याकरण से जुदा है। इन चारों चित्रकारों का इस दुनिया को देखने का ढँग अलग है और यह भेद इन्हें अलग-अलग ज़बान देता है। भाषा का एक अर्थ ज़बान भी है।

समकालीन भारतीय कला की भाषा क्या है? इसका व्याकरण और इसका चलन कैसा है? आदि प्रश्नों से जूझने पर इस भाषा का एक रूप हमें दिखलायी देना शुरू होता है और उसका अपनी बोलियों से क्या सम्बन्ध है, इसके धुँधले संकेत नज़र आते हैं। इस धुँधलके में इन चमकदार और उजले संकेतों के प्रमाण चौंकाते भी हैं। यहाँ यह स्पष्ट करना ठीक ही होगा कि भाषा शब्द का अर्थ उस •भाषा के प्रचलित अर्थ में नहीं

है जिसमें पढ़ा और लिखा जा रहा है। लिखने और पढ़नेवाली भाषा के पाठकों का सीमित होना हम जानते हैं। पचास करोड़ हिन्दीभाषियों के बीच समकालीन सर्वोच्च लेखक निर्मल वर्मा और कृष्ण बलदेव वैद के पाठक पचास हज़ार भी होंगे, इस पर सन्देह किया जा सकता है। इस हिन्दीभाषी समाज में तमिल स्वामीनाथन, उर्दूभाषी हुसेन, स्पैनिश पिकासो और स्वीस पॉल क्ली की ज़बान प्रचलित है।

भाषा और ज़बान के इस विचित्र फ़र्क़ के सामने भाषा और बोलियों के फ़र्क़ को देखना और उसके साथ के सम्बन्धों के बीच तालमेल देखना, दिखलाना अब और कठिन जान पड़ता है। मोटे तौर पर चित्रकला की भाषा के अर्थ में हम समकालीन चित्रकला की उन प्रवृत्तियों को रख सकते हैं जो शहरी और महानगरीय कला गतिविधियों के केन्द्र में है, जिसे हम एक नक़ली धारणा—मुख्यधारा—के रूप में जानते हैं। इस तथाकथित मार्क्सवादी मुख्यधारा का मूल्यांकन, मुठभेड़, मुलाक़ात आदि राष्ट्रीय-अन्तरराष्ट्रीय स्तर पर काम कर रहे आधुनिक चित्रकारों, समालोचकों और कलाप्रेमियों आदि से होती रहती हैं, जबकि बोलियों के रूप में स्थानीय लोगों के आदान-प्रदान के बीच प्रकट हो रही कला की वे प्रवृत्तियाँ हैं जिन्हें हम आंचलिक, सामुदायिक और आदिवासी कला की तरह वर्गीकृत करते हैं। मधुबनी, कालीघाट, पटुआ, तँजावुर आदि चित्रशैलियाँ उन अनेक प्रकटनों में से कुछ हैं। मूलतः चित्रकला में बोलियों का असर दिखायी देता है। हर चित्रकार अपनी बोली का व्याकरण तैयार करने के संघर्ष में मारा जाता है। जिन चित्रकारों को यह सौभाग्य प्राप्त होता है कि वे अपनी बोली की एक ज़बान बना सकें, वे अपनी इस ज़बान से मनुष्य के 'देखने' को बदलना प्रस्तावित करते हैं। भारतीय चित्रकला के सन्दर्भ में मक़बूल फ़िदा हुसेन ने यह काम किया है। उन्होंने समकालीन कला को न सिर्फ़ तत्कालीन ब्रिटिश कला के यथार्थवादी रूमानियतभरे लिजलिजे कीचड़ से बाहर निकाला, बल्कि उसे सार्वकालिक समरूप बनाते हुए, अन्तरराष्ट्रीय पहचान भी दी है। देश के किसी अन्य कलाकार में इतनी निर्बाध ऊर्जा, दृढ़ता और स्थिरता नज़र नहीं आती। इसका एक कारण सम्भवतः यह भी हो सकता है कि आज़ाद भारत के युवा चित्रकार जिन दिनों इस यथार्थवादी कीचड़ को हटाने के लिये यूरोप की तरफ़ पलायन कर रहे थे, उन दिनों हुसेन हिन्दुस्तान के गाँवों में होने वाली रामलीला की मण्डली के पीछे घूमते हुए, इस देश में राम की सत्ता और राम की सहज उपस्थिति को महसूस कर रहे थे। वे सीख रहे थे इस देश की बोलियों को। समझ रहे थे विविध परम्पराओं को। इस देश में महात्मा गाँधी के बाद हुसेन दूसरे ऐसे व्यक्ति हैं जिनके इहलोक का ज्ञान भारतीय सँस्कृति और परम्पराओं में रचा-बसा है।

एक अर्थ में हुसेन की ज़बान समकालीन भारतीय चित्रकार की ज़बान है। इस ज़बान का, अपने पूर्ववर्ती और मौज़ूदा बोलियों से रिश्ता स्पष्ट देखा जा सकता है। हुसेन ने आज़ाद हिन्दुस्तान की कला को एक नया स्वतन्त्र

स्वरूप प्रदान किया है। इसका व्याकरण विपुल साँस्कृतिक चेतना को समेटता है। हुसेन के चित्र भारतीय जनमानस के चित्र हैं। उनमें प्रेम है, विछोह है, छींटाकशी है, अपने होने का विनय है, चकित चौकन्नापन है। वे उकसाती हुई कृतियाँ हैं। आनन्द में डूबी मौज़ूदगी है। मुखर है, मूक है, मुबारक है, मक़बूल है। यह सब उन बोलियों से आता है जिनका हुसेन सामना करते रहते हैं।

एक ऐसे समय में जब भाषा स्वयं अपने अभिव्यक्त न हो पाने का गहरा दबाव महसूस कर रही है, जब भाषा पर वैश्विक होने का बाज़ारू दबाव है, उस वक्त हुसेन के चित्र मनुष्य की आस्था और विश्वास को जिलाये हुए हैं। बाज़ार के तेजी से बदल रहे इस समय में यदि हम नज़र डालें तो पाते हैं कि छह अरब लोगों तक पहुँचने के लिये लगभग सभी भाषाएँ बेचैन हैं। हिन्दी में लिखे गये पाठ का चीनी भाषियों के लिये कोई अर्थ नहीं है जबकि उसे एक अरब लोग वापरते हैं। भाषा के इस कम से कमतर होते जा रहे पाठक के पास पहुँचने के भरोसे को, ज़्यादा से ज़्यादा पाठकों तक पहुँचाने के लिये, अनुवाद ही सहारा दिखता है। इस भागती दुनिया में भाषा को अपने अभिव्यक्त न हो पाने का अहसास उसे अव्यक्त भाषा में बदलता जा रहा है। अभिव्यक्त होने की यह आकाँक्षा सतह पर मुखर नज़र नहीं आती बल्कि अन्तश्चेतना में तुतलाती दिखती है।

इस आकाँक्षा के चलते भाषा में ऐसे शब्दों की भरमार दिखलायी पड़ती है जो उसकी स्थानीय बोलियों से नहीं आ रहे हैं। ये अन्तरराष्ट्रीय शब्द हैं। हिन्दी भाषा में पहले और बाद के दो शब्दों का उदाहरण लें तो बीसवीं शताब्दी की शुरुआत के आसपास शामिल हुए शब्दों में 'पनडुब्बी' शब्द submarine के गुणों को व्याख्यायित करता हुआ पाठक की कल्पना को उसके बिलकुल नज़दीक ले जाता है बल्कि उसके साथ डुबा देता है। पनडुब्बी शब्द में न पानी है न डूबना, फिर भी उसके अर्थ में पानी में डूबना उतने ही गहरे शामिल है जितने गहरे submarine चल रही है। दूसरी तरफ़ 'कम्प्यूटर' शब्द आपसे एक अर्थहीन शब्द की तरह आ कर टकराता है। इस शब्द से आप कम्प्यूटर के बारे में कुछ भी जान-समझ नहीं सकते। इस शब्द में हिन्दी भाषा की कोई स्थानीयता नहीं है, वह एक ठोस पत्थर की तरह भाषा को भीतर से घायल करता हुआ भाषा में भटक रहा है। भाषा का यह बधियाकरण तथाकथित वैश्वीकरण के कारण हुआ है। भाषा को इस वैश्विकी पा लेने की जल्दी वैसी ही है जैसी आज हिन्दी सिनेमा में दिखलायी जाती है। इसमें नायक-नायिका समुद्र तट पर एक-दूसरे की तरफ़ से दौड़ते हुए आते हैं और ज़ोर से टकराते हैं। यह ज़ोर से टकराना आपको धीमी गति से दिखलाया जाता है। नायिका भाषा है, जिसे नायक विश्व से, ज़ोर से टकराना है और इस

ज़ोर से टकराने पर धीमी गति से कुछ भी जन्म नहीं लेता, फिर भी उत्तेजना है और उसी से काम चल रहा है। यहाँ आपके देखने पर भी उन्हें सन्देह है अतः यह ज़ोर से धीमी गति से टकराना आपको तीन बार दिखलाया जाता है।

यहाँ एक विसंगति ग़ौरतलब है—भाषा को, स्त्रीलिंग को, बधिया किया गया है। हिन्दी भाषा का दूसरा बधिया हिंग्रेजी, चूँकि हिन्दी एक उदारवादी भाषा है, के नाम पर भी हो रहा है। अख़बारों, पत्रिकाओं, कविताओं और कहानियों में प्रचुर मात्रा में अँग्रेज़ी के शब्द और वाक्य देवनागरी में इस चुनौती के साथ लिखे जा रहे हैं कि यह वाक्य समझने पर दूसरा मुफ़्त।

इस वैश्विक स्थिति के प्रारम्भ में भाषा और उसकी बोलियों पर विचार करना अब और कठिन जान पड़ता है। इसका एक प्रमुख कारण यह भी है कि अन्य सभी कला विधाओं की चर्चा, समालोचना, मीमांसा उसी भाषा में होती है जिसे स्वयं अभिव्यक्ति का संकट घेरे है, जिसके भीतर कई आधुनिक पत्थर पाँव पटक रहे हैं। जाने-अनजाने यह संकट अन्य कला माध्यमों का भी बनता जा रहा है। पिछले पचास वर्षों में अन्य कला माध्यमों से यह प्रश्न प्रमुखता से पूछा गया है, कि वह क्या सम्प्रेषित करता है? यह दुःखद पहलू है कि जिन भाषाओं ने मनुष्य को अभिव्यक्त करने का जिम्मा अपने ऊपर ले लिया है, उसने जो प्रकट है, सम्प्रेषित है, संलग्न है, उसे प्रकट, सम्प्रेषित और अभिव्यक्त होने के लिये अश्लील हिंसा का सहारा लिया है। इस प्रश्न का इतना दबाव है कि गुलाम मोहम्मद शेख जब भोपाल विधानसभा में अपना चित्र लगाते हैं तब पास ही उसका वर्णन भी ठोकने पर बाध्य होते हैं।

कई चित्रकार इस दबाव को महसूस करते नज़र आते हैं, तभी वे अपने सम्प्रेषित न हो पाने, चुनांचे न जाने किससे पिछड़ जाने की शिकायत करते दीखते हैं। संगीत या चित्रकला पर यह दबाव कि 'कलाकृति क्या सम्प्रेषित कर रही है' या 'यह राग क्या प्रकट कर रहा है', यह भाषा का दबाव है, और भाषा पर दबाव है स्थानीयता ख़त्म कर वैश्विक समझ पैदा करने का, उपस्थित विश्व को कल्पित विश्व में बदलने का, एक ऐसी अवस्था पैदा करने का जिसमें मनुष्य यदि सम्प्रेषित नहीं कर रहा है तो वह योग्य नहीं है। यदि वह मानसिक या आध्यात्मिक रूप से वार्तालाप करने में सक्षम है, यह योग्यता नहीं है। सिर्फ़ भाषा में सम्प्रेषण कर पाना चाहिये। भाषा पर दबाव है एक ऐसे मनुष्य को जन्म देने का जो विश्वभर में बोलता हो, अभिव्यक्त होता हो, जिससे कुछ भी छिपा नहीं है, जिसके लिये कोई रहस्य नहीं है। कुछ भी अव्यक्त नहीं है। स्थानीय नहीं है। ज़ोर से दौड़कर आना है और धीमी गति से

टकराना है। मानसिक या आध्यात्मिक संवाद नहीं, सिर्फ़ सम्प्रेषित होना है, भले ही यह रास्ता साम्प्रदायिकता से आता हो या साम्यवाद से। एक योग्य मनुष्य अभिव्यक्त होता है और विडम्बना यह है कि वह सिर्फ़ भाषा में सम्प्रेषण करे। कला के अन्य माध्यम सम्प्रेषित नहीं कर पाते हैं। इसकी सूचना उसे उस भाषा में मिलती है जो स्वयं अभिव्यक्त होने को तरस रही है।

इस वैश्विक उपस्थिति को ललचाता मनुष्य अपनी स्थानीयता के बारे में अक्सर ग्लानि से भरा मिलता है। वह भाषा भी उसकी कोई सहायता नहीं करती जिसमें वह सम्प्रेषित कर रहा है। उस भाषा को वैश्विक न हो पाने की ग्लानि है। भाषा पाँव पटक रहे पत्थरों से घायल है। भीतरी रक्त-स्राव और बाहरी ज़ोर से धीमी गति से टकराना उसे मजबूर करता है कि वह अपने स्थानीय सम्बन्धों को छुपा, वैश्विकता की सुर्ख़ी लगाये।

दूसरी तरफ़ बोलियों का अपना संसार है। वह अपने भीतर विश्व को समेटे हैं। उसे अपने सम्प्रेषित न हो पाने का भ्रम नहीं है। उसका सम्प्रेषण सीधा और स्पष्ट है। मधुबनी, पटुआ, तँजावुर आदि अनेक शैलियाँ अपनी सम्पूर्णता में मौजूद हैं। पिछली कुछ शताब्दियों में भारतीय बोलियों का जिन दो अन्य ज़बानों से सम्बन्ध बना वह फ़ारसी और अँग्रेज़ी रही हैं। जहाँ एक ओर फ़ारसी से टकराने पर 'मुग़ल क़लम' जैसी अद्वितीय भाषा का जन्म हुआ, वहीं दूसरी तरफ़ अँग्रेज़ी से टकराने पर 'पञ्चांग कला' पैदा हुई। इस पञ्चांग कला के जनक राजा रवि वर्मा की स्थिति वैसी ही है जैसी स्वयं इस भाषा की है। अपनी स्थानीयता को जिस तत्कालीन वैश्विक अभिव्यक्ति की कल्पना में, रवि वर्मा ने छोड़ा था यदि वह उन्हें नहीं मिली तो इसका एकमात्र कारण रवि वर्मा की प्रतिभाहीन अवसरवादिता और अदूरदर्शिता है। वे उस स्थानीयता को अपनाने की कोशिश कर रहे थे जो उनकी अपनी नहीं थी। यथार्थवाद के चित्रकारों की नक़ल कर रवि वर्मा किस तरह वहाँ की स्थानीयता से अपने सम्बन्ध बनाते? लिहाज़ा, वे जिस भाषा को उसकी बोलियों में नहीं जानते थे, उस भाषा के अपने अज्ञान प्रदर्शन में हकलाते हुए नज़र आते हैं। उनके तमाम चित्र अपनी विषयक आक्रामकता के बावजूद, अभिव्यक्त होने की उत्तेजना में लड़खड़ाते और हकलाते नज़र आते हैं। उनके चित्रों की पौराणिक स्थानीयता भी उनकी अपनी नहीं बल्कि उनके मालिकों की देखी और सोची हुई अश्लीलता है। यह यथार्थवाद वही है जिसे सम्प्रेषित होने का लालच है। यह यथार्थवाद वही है जिसे विश्व हड़पने की इच्छा है, जिसके गन्दे राज्य में सूरज कभी अस्त न होता था और उसके गुलामों को क्या-क्या करना पड़ता था। इस यथार्थवाद का मक़सद सिर्फ़ साँस्कृतिक लूट था और उस लूट का अचूक असर ऐसा रहा कि आज भी कई प्रतिभाशाली? इस यथार्थवाद को ही भारतीय चित्रकला की परम्परा मानते हैं।

हमें अपने इस समकालीन कला संसार की इस अदृश्य समकालीनता में स्थानीयता के ही दर्शन होते हैं। हुसेन के चित्रों में गुप्तकालीन शिल्प हैं तो रज़ा के चित्रों में मालवा की स्मृति। स्वामीनाथन के चित्र आदिम अनुभव के संकेत हैं तो गायतोण्डे के चित्रों में मनुष्य का भाषा के प्रति सम्मोहन। चारों चित्रकारों की स्थानीयता एक वैश्विक स्थानीयता है। इनकी ज़बान सर्वसाधारण की ज़बान है जिसमें मिठास है, आत्मसम्मान है, अद्‌भुत वर्ण है। ये चित्र मनुष्य होने की आस्था के चित्र हैं। इन चित्रों में अभिव्यक्ति होने की ललक नहीं बल्कि सहज स्फूर्त प्रकटन है। भाषा और बोली को इन चित्रों में अलगाना कठिन है।

इन चारों की ज़बान हिन्दुस्तानी चित्रकला की ज़बान है।

2004

# मक़बूल

1.

बाद की मुलाक़ातों में जिन दिनों वे अपनी आत्म-कथा लिख रहे थे पढ़कर सुनाते थे—कभी एक अध्याय, कभी कोई दूसरा। एक दिन उन्होंने बताया कि अब बहुत सारे अध्याय इकट्ठे हो गये हैं और यह पुस्तक रूप में छप रहे हैं। मैंने कहा, ''फिर आप इसे हिन्दी में भी छपवाइये।'' वे आत्मकथा उर्दू में लिख रहे थे और यह पठन-पाठन अक्सर अचानक हुई मुलाक़ातों में जारी रहता था। मैं यह बोलकर चला आया। सालभर बाद उनका फ़ोन आया कि तुम आ जाओ, किताब का हिन्दी में अनुवाद हो गया है, उसे सम्पादित कर डालो, मुझे उसमें कुछ गड़बड़ नज़र आ रही है। मैं चला गया। उनकी मित्र कामना प्रसाद ने अनुवाद किया था। हुसेन ने अनूदित पाण्डुलिपि मुझे दी। मैंने देखा कि सम्पादन

की ज़रूरत है—कहीं वाक्य संरचनाएँ ठीक नहीं थीं, कहीं कुछ और दिक़्क़त। कुछ-कुछ जगह लगा कि यहाँ से पंक्तियाँ ग़ायब हैं। मैंने सम्पादित करना शुरू किया। सम्पादन चलता रहा। मैं दो-तीन दिन रहता फिर लौट आता। फिर अगली बार चला जाता। लगभग एक साल होने को आया। एक बार पता चला वह पाण्डुलिपि जिस पर मैं काम कर रहा था, गुम हो गयी है। हुसेन बोले, "पता नहीं कहाँ गुम हो गयी है, मिल ही नहीं रही।" उन्हें पता था मैं आ रहा हूँ और उन्होंने ढूँढ़नी शुरू की होगी। अब वह मिल नहीं रही थी। बोले, "चलो, हैदराबाद चलते हैं वहाँ होगी।" हैदराबाद जाकर ढूँढ़ी। वहाँ नहीं मिली। उन्हें लगा अहमदाबाद हो सकती है। कभी वहाँ जाकर ढूँढ़ी होगी। एक बार उनका फ़ोन आया कि दिल्ली में हो सकती है। लेकिन वह मिली नहीं।

मुम्बई की किसी एक मुलाक़ात में वे बोले, "तुम्हीं क्यों नहीं लिखते। इतनी सारी बातचीत होती रही है। तुम उस पाण्डुलिपि को भूल जाओ—अब वह गुम गयी तो गुम गयी।" हुसेन के हुसेन होने का एक कारण यह भी है कि वे पीछे पलटकर नहीं देखते। मैंने उनसे कहा कि मुझे आपसे बात करनी पड़ेगी, रिकॉर्ड करना होगा। उन्होंने दादीबा पण्डोल को फ़ोन किया कि एक टेप रिकॉर्डर ख़रीदना है। दादीबा एक जेबी रिकॉर्डर ख़रीद लाये। मुझे जब भोपाल से छुट्टी मिलती मैं वहाँ चला जाता। हम दो या तीन दिन साथ होते थे। फिर अगली बैठक होती। इस तरह सिलसिला चलता रहा। वे इस रिकॉर्डिंग प्रक्रिया से तंग आ गये। बोले, "आप छोड़ें इसे। जो भी बातचीत हो वह याद रखिए। जो याद रहे वह लिखिये और बाक़ी छोड़ दीजिये। मुझे माइक पकड़कर बोलना अच्छा नहीं लगता।" एक दिन हम लोग बातचीत कर रहे थे तब उनका बेटा ओवेस वह पाण्डुलिपि लेकर हमारे सामने से गुज़रा। यह वही पाण्डुलिपि थी जिसे मैं हिन्दी में सम्पादित कर रहा था। हुसेन उछल पड़े। बोले, "अरे! यह तो हम कब से ढूँढ़ रहे थे। तुम कहाँ ले गये?" ओवेस शायद फ़िल्म बना रहे थे। उसके लिये रख ली थी। हुसेन ने उसी वक़्त तीन-चार फ़ोटो-कॉपी करवायीं। एक कॉपी ओवेस को दी। मैंने पाण्डुलिपि में आगे के काम पूरे किये, राशीदा जी ने हाथ से लिखी 'हुसेन की जीवनी'। इस बीच उनके जीवन पर हमारी बातचीत उनके निक़ाह तक पहुँच गयी थी। मैंने उसे वहीं समाप्त किया। उनके बचपन से लेकर शादी तक।

रिकॉर्डिंग वाला हिस्सा मैंने कभी सुना नहीं। वे सारे कैसेट्स/Cassetes रखे हुए हैं। मैंने स्मृति के आधार पर ही लिखा। कई बार ऐसा लगा कि प्रतिलेखन करवा लूँ। लेकिन जब लिप्यान्तरण के लिये भरत आये तब कैसेट न मिले, जब कैसेट मिले तब भरत न मिले। अभी तक वे कैसेट्स ऐसे ही रखे हैं।

2.

"मक़बूल" का स्वरूप लिखने के दौरान तो नहीं लेकिन लिखने के बाद तय होना शुरू हुआ। उसमें कालक्रम देखा जा सकता है। हुसेन के बचपन से शुरू होकर उनके निक़ाह तक। बचपन से शुरू होकर निक़ाह तक पहुँचने का कारण सिर्फ़ यह है कि इतनी बातचीत के बाद हुसेन से मुलाक़ात होनी बन्द हो गयी। वे हिन्दुस्तान छोड़ बाहर चले गये। इस व्यवधान के चलते पाठ यहीं तक रहा। उन्हीं दिनों उनसे बातचीत के दौरान ही यह तय हुआ कि पुस्तक को निक़ाह तक ही रहने दिया जाय। पुस्तक के लिये पहले तय यही हुआ था उनसे बातचीत के बाद यह लिखी जाएगी। यह सिलसिला सन् 1990 से लेकर 2001 तक चला। बीच बीच में अन्तराल रहे। कुछ मुलाक़ातें पहले से तय हो जाती थीं, लेकिन ज़्यादातर मिलना आकस्मिक होता था जिसे थोड़ा आगे बढ़ा लिया जाता था। एक दिन के लिये मैं मुम्बई गया और हुसेन मिल गये तो दो दिन और रुक जाता। इन मुलाक़ातों में कुछ घण्टे ऐसे मिल जाते जिसमें हम बातचीत रिकॉर्ड किया करते थे। बाक़ी समय हुसेन की अपनी व्यस्तताएँ इतनी ज़्यादा हैं कि वे उसमें आपको भी शामिल कर सकते हैं। आप उसमें शामिल होते हैं तो हो सकता है कि आपका अगला एक महीना उसमें चला जाय। वे एक ऐसे रचनात्मक केन्द्र हैं जिसके नज़दीक जाने से आप उसके अन्दर बिला जा सकते हैं। उनका प्रभामण्डल आकर्षक व सशक्त है। हुसेन की सक्रियता अकल्पनीय है। आप उनके साथ रहकर महसूस न करे तब तक समझा नहीं जा सकता है। सक्रिय होने का अर्थ यह भी है कि वे लगातार चित्र बना रहे हैं या एक जगह से दूसरी जगह जा रहे हैं या हो सकता है कि वे आपके साथ बैठकर घण्टों बात ही कर रहे हों, किसी एक रेस्तराँ या अपनी पसन्द की चाय की दुकान पर या शहर के किसी एक कोने में हैं। आप उसमें शामिल हो जाते हैं या उसका एक अंग बन जाते है जो वे कर रहे हैं।

इसी दौरान पुस्तक की कल्पना बनती बिगड़ती भी रही। जब मैंने सारे अध्याय स्वतन्त्र रूप से लिख लिये और उन्हें सुनाये तब पुस्तक का क्रम हम लोगों ने तय किया। "मक़बूल" के अध्याय उन्हें अध्याय की तरह नहीं सुनाये। बहुत-सी बातें मैंने छोड़ दी हैं। जैसे अपने बचपन में वे बक्से चित्रित करते थे। उस ज़माने में उनके समुदाय में बक्से चित्रित करने के लिये पैसा मिला करता था। दो-तीन पैसे मिल जाते थे। इसका एक लम्बा विवरण उन्होंने मुझे दिया लेकिन यह प्रकरण मुझे किताब में जाता हुआ नहीं लग रहा था, मैंने छोड़ दिया। कई प्रकरण हुसेन ने बताये लेकिन उन्हें पुस्तक में शामिल नहीं किया। कई चीज़ें जोड़ी गयीं, कई हटायी गयीं। जैसे "माँ" अध्याय है। हुसेन के साथ बातचीत "माँ"

अध्याय के रूप में नहीं हुई। उनकी बातचीत में कभी भी माँ का ज़िक्र आ सकता है। उनके बचपन की कई स्मृतियों में, जिसमें माँ मौजूद नहीं है, जिसमें नयी माँ है या जिसमें दोनों माँ नहीं हैं या दोनों माँ हैं। उन सभी को एकाग्र व एकत्रित कर उनमें से कुछ अध्याय में संयोजित किया है। इसके लिये अलग से मैंने कोई नोट्स नहीं लिये। वे सुनाते रहे, मैं सुनता रहा।

मेरा ख़याल है कि वे जो भी बोल रहे थे उनकी कल्पना मेरी स्मृति का आधार बनी बजाय उनके शब्द। उनके शब्द से जो चित्र उपजे और उन चित्रों से जो शब्द निकले हैं वे इस पुस्तक को गल्पात्मक बनाते हैं और वे ही उसको अलगाते होंगे। "मक़बूल" की भाषा चित्र भाषा के रूप में ही मुझे नज़र आयी, स्वयं भाषा के रूप में नहीं। चित्र संकेत बन रहे हैं या चित्रों का रूपांकरण संकेत में हो रहा है। मक़बूल का जीवन-रूप देखने की कोशिश में मैंने सिर्फ़ कल्पना का सहारा लिया है। हुसेन ने जीवन के जो प्रसंग बतलाये वे बहुत बिखरे हुए थे : किसी एक प्रसंग का कोई टुकड़ा उन्होंने दो साल बाद कहा। उन टुकड़ों को जोड़कर देखना चित्रभाषा का ही काम था। पहेली/puzzle के टुकड़ों की तरह इन्हें जोड़ा और वह पूरी हुई। भाषा की गल्पात्मकता इसी कारण बन रही है जो हुसेन से बातचीत के दरमियान मेरे मन में उभरती चली गयी। मैं उनके बचपन के इन्दौर के काफ़ी क़रीब जा सका क्योंकि मैं इन्दौर की उन्हीं गलियों में घूमा हूँ जहाँ पर हुसेन बड़े हुए हैं, जिन विद्यालयों में वे पढ़े हैं। हुसेन का घर हमारे घर के बहुत ही नज़दीक था। वह सारा स्थान-विशेष जब हुसेन सुना रहे थे तब मेरे सामने सजीव भी होता जा रहा था कि संयोगितागंज मतलब यहाँ गये होंगे। यह ज़रूर होगा कि अब कुछ वृक्ष नहीं रहे होंगे और कुछ ऐसे सार्वजनिक उपक्रम सामने आ गये होंगे, जो उनके समय में नहीं थे। जब मैं अपने बचपन की ओर देखता हूँ तब वहाँ बहुत ज़्यादा अवकाश नज़र आता है। कल्पनाओं से भरा अवकाश। इतना सीमेंट-कंक्रीट के जंगल से भरा हुआ नहीं है जैसा अब हो गया है। एक दिन हुसेन ने पूछा, "वह तुम्हारा मकान कहाँ पर है?" मकान हम लोग बेच चुके थे। जिसने ख़रीदा था उसने मकान तोड़कर ख़त्म कर दिया था। हमारा मकान ऐसा मकान था जिसके एक तरफ़ धर्मशाला थी, दूसरी तरफ़ पाठशाला, मकान के चारों तरफ़ सड़क थी। वह एक द्वीप की तरह था। हुसेन के लिये landmark था अपने घर तक पहुँचने का। इस बीच हुसेन कभी वहाँ गये होंगे। चूँकि घर वहाँ नहीं था इसलिये वे कुछ पहचान नहीं सके। उन्होंने उस दिन मुझसे कहा, "मैं अपना घर ढूँढ़ नहीं पाया क्योंकि तुम्हारा घर नहीं दीखा।" मैंने बताया कि हमने मकान बेच दिया है। उन्होंने कहा, "वहाँ इतनी सारी दुकानें थीं कि मुझे लगा कि मैं ग़लत जगह आ गया हूँ।" जबकि वे ठीक जगह पहुँचे थे, किन्तु दृश्य

बदल चुका था। ज़ाहिर है वे असमंजस में डूबे वापस चले आये। मेरे बचपन की स्मृतियाँ उन सारी जगहों की हैं जो ख़ाली हैं, जो मेरे घर और हुसेन के घर के आसपास फैली थीं। हुसेन का वर्णन मेरे स्मृति दृश्य के बहुत नज़दीक था। पुस्तक की गल्पात्मक रीति उसी से उपजी है। अब शायद सम्भव नहीं है कि कोई बच्चा उस परिवेश में बड़ा हो और हुसेन की कहानी सुन उसे लिखने की कोशिश करे। कल्पनाशीलता उसका साथ नहीं दे पाएगी। यह सब बदल चुका है। सीमेंट के मकान, बेतरतीब अतिक्रमण, कल्पनाहीन, अव्यावहारिक बदलाव भरा इन्दौर शहर ही नहीं बल्कि आज़ाद हिन्दुस्तान के शहरी विकास की पहचान बन चुका है। इसमें अब किसी भी शहर का चरित्र दूसरे से अलग नहीं नज़र आता। जिन पारसी मोहल्ले की गलियों से हुसेन गुज़रते ये वे गलियाँ अब वहाँ नहीं हैं। अब मुझे ख़ुद भी पहचान में नहीं आता है कि यह कौन-सी जगह है। 'मक़बूल' की भाषा, मक़बूल के जीवन-रूप के नज़दीक चली गयी। यह इसलिये भी सम्भव हो सका कि मैंने उन सब जगहों को देखा-जाना और पहचाना हुआ था जिनकी बात हुसेन कर रहे हैं। जब वे चिमनी बनाने के कारख़ाने में दादा की बात कर रहे हैं तो वह वहाँ हैं। वह पूरी एक गली है जहाँ ये सारी दुकानें हैं। उन दुकानों में हम लोग जाया करते थे और घण्टों खड़े हो यह सब देखा करते थे। सब कुछ एक जादू की तरह होता था। कोई बहुत बूढ़ा व्यक्ति कुशलता से किसी चीज़ से कोई और चीज़ बना देता था। यह सब बातें "मक़बूल" के पक्ष में जा सकीं। स्मृति के आधार पर ही पुस्तक लिखी गयी। अध्याय इतने ही लिखे और इतने ही रहे, कोई अध्याय जोड़ा न कम किया गया। पुस्तक का वर्तमान स्वरूप उन्हीं के साथ बातचीत में बनाया गया है। उनका आग्रह था कि इस पाठ के साथ मैं अपने रेखांकन करूँ। अमूर्त रेखांकन जिनका कहानी के साथ कोई सम्बन्ध न हो। मेरा उनसे यह आग्रह था कि वे स्वयं रेखांकन करें। फिर एक बार तय हुआ कि हर अध्याय के लिये पहला वे और बाक़ी के रेखांकन मैं करूँगा। सालों बाद जब दुबई में मुलाक़ात हुई तब उन्होंने कहा कि मैं इस पुस्तक के लिये नये रेखांकन करना चाहता हूँ। मैं ख़ुश हुआ। यही मैं चाहता भी रहा हूँ। हाल ही में मैं लन्दन इसी उद्देश्य से गया भी लेकिन उनकी व्यस्तता के कारण रेखांकन बन नहीं सके। यह सम्भवतः पहली किताब है जिसमें हुसेन ने कुछ भी न किया हो वरना वे अपनी हर किताब के प्रकाशन में कुछ न कुछ हस्तक्षेप ज़रूर रखते हैं। अब "मक़बूल" में यह सम्भव होता नज़र आ रहा है कि मक़बूल का हस्तक्षेप नहीं है।

2011

# हुसेन की याद में

यह लिखते वक्त मुझे अनेकों ऐसे प्रसंग याद आ रहे हैं जिन्हें हुसेन ने मेरे साथ बाँटा था। उनमें से कुछ ऐसे भी हैं, जो उनके व्यक्तिगत जीवन के पहलुओं को छूते हैं और हम दूसरे हुसेन से परिचित होते हैं, जो एक साधारण व्यक्ति भी है। हुसेन की लापरवाह मुस्तैदी को दर्शाती एक घटना ऐसी ही है, जो लंदन में दो वर्ष पहले घटी। जब पूरा दिन साथ गुज़ार लेने के बाद देर रात उन्होंने कहा—'तुम मेरे नये घर में ही रुक जाओ, बल्कि ठहरो, हम दोनों वही चलकर सोयेंगे।' और वे तैयार होने भीतर चले गये; जब हम टैक्सी में बैठकर चलने लगे, तब अचानक उन्हें याद आया और वे बोले—'तुम रुको, मैं ऊपर पैसे भूल आया हूँ।' यह कहकर, मैं कुछ कहूँ, उसके पहले ही उतरकर अपने स्टूडियो में चले गये। कुछ देर बाद लौटे अपनी जेबों में काग़ज़ों के पुलिन्दे भरकर।

चलती टैक्सी में वे काग़ज़ों के बीच पैसे ढूँढ़ते रहे और पाया कि वे ग़लत काग़ज़ के पुलिन्दे उठा लाये हैं।

"आपके पास पैसे हैं?" उन्होंने मुझसे पूछा।

"हाँ, आप चिन्ता न करें।" मैंने कहा।

वे निश्चिन्त होकर दूसरी बातें करने लगे।

इस नये घर में वे भी पहली बार रात में आये थे, अतः अगला आधा घण्टा हमें उस घुप्प अँधेरे में बिजली का खटका कहाँ है ढूँढ़ने में लगा। उन्होंने एक कमरा, जो वातानुकूलित था, मुझे दिया और कहा आप यहाँ सोइये, वे ख़ुद दूसरे कमरे में चले गये। जहाँ ख़ूब गर्म था। मैंने उनसे इसरार किया कि वे इस कमरे में सोयें और मैं बाहर सो जाऊँगा। जिसे उन्हें मानना ही था। फिर हम लोग चाय पीते हुए सोने के समय तक बतियाते रहे।

बम्बई में एक शाम हम लोग गजगामिनी के एक कट्स देख रहे थे और वे निर्माण सम्बन्धी मुश्किलों का ज़िक्र कर रहे थे, जिसमें से ज़्यादातर रचनात्मक नहीं थीं। उन्होंने बताया कि वे किसी का उधार नहीं रखना चाहते हैं। जिस भी कलाकार या सहयोगी ने जो भी उसकी फीस माँगी उन्होंने दी है, सिर्फ़ एक गीतकार रह गया है जिसकी क़ीमत बीस हज़ार होगी और वह एक चित्र माँग बैठा है। वे दुविधा में थे। 'माँगे मिले न भीख' की तर्ज़ पर अब वो उसे एक भी चित्र नहीं देना चाहते थे। हुसेन अपनी दरियादिली के लिये विख्यात हैं। उन्होंने बग़ैर माँगे कई चित्र, रेखांकन अपने मित्रों को, अनजान लोगों को दिये हैं।

यह इसलिये भी उल्लेखनीय है कि हुसेन के चित्रों की क़ीमत है। बाद में सम्भवतः हुसेन ने उन्हें कुछ दिया ही होगा। हुसेन एक संकोच वैशिष्ट्य के शिकार थे। शर्मीले और संकोची हुसेन अपनी रचनाशीलता में मुखर और हठी थे।

चूँकि इस लेख के लिये मुझसे आग्रह किया गया कि मैं व्यक्तिगत अनुभवों को रेखांकित करूँ, अतः हुसेन की अगली मुलाक़ात या हुसेन के देश छोड़कर चले जाने के बाद की मुलाक़ातें कम और अपूर्ण होने लगीं। उन्हें फ़ोन करने का अर्थ यही होता था कि कल आ जाओ, फिर बात करते हैं। दिल्ली, बम्बई, हैदराबाद या देश का कोई शहर पहुँच से बाहर नहीं था, किन्तु जब फ़ोन पर लंदन से उन्होंने कहा—'पता लिख लो, कल आ जाना, यहीं बात करेंगे।' तब मुझे बताना पड़ा कि हम लोग VISA

नियमों से बँधे हैं और मुलाक़ात दस दिन बाद ही हो सकती है। मैं जब पहुँचा हुसेन अपना कामकाज छोड़ मेरे लिये चाय बनाने किचन में घुस गये। लम्बी यात्रा की थकान मिटाने के लिये उन्होंने मेरे लिये आमलेट भी बनाया और मेज़ पर नाश्ता लगाते हुए इन्दौर के सेव रखना नहीं भूले।

इन्दौर में जन्मे, पले और पढ़े हुए हुसेन के लिये इन्दौर के नमकीन और मिठाइयाँ अन्त तक पहली पसन्द बनी रहीं।

दुबई की एक शाम जब मैंने उनसे पूछा कि क्या आपने 'फेरारी कार' ख़रीदी है? वे हल्के से मुस्करा दिये और बोले—हाँ। यह सब कारें डिज़ाइन के अद्‌भुत प्रमाण हैं। उनकी बनावट और सजावट किन्हीं कारीगरों का काम नहीं बल्कि कलाकारों का काम है। मैं यह सब कारें ख़रीद रहा हूँ एक शिल्प में इस्तेमाल करने के लिये। 'Horse Power' नामक संस्थापन (instellation), जो वे घोड़ों के संग्रहालय के लिये बना रहे हैं, वहाँ ये कारें जो 'Horse Power' की ही मिसाल हैं, लगायी जाएँगी। 'ये भी कबाड़ा ही है।' उन्हीं दिनों उन्होंने 'रोल्स रायल्स' ख़रीदने का मन बनाया हुआ था, जिसमें घूमते हुए 'इंग्लिश लैण्डस्केप' करने की योजना थी।

दूसरे दिन चाय पीते वक्त उन्होंने ड्राइवर को बुलाकर फेरारी निकालने को कहा। हम लोग चाय पीकर नीचे आये, वहाँ ड्राइवर फेरारी लेकर खड़ा था। हुसेन ने आग्रहपूर्वक मुझसे आगे बैठने को कहा और ख़ुद पीछे की सीट पर जा बैठे। यह कार हुसेन के लिये विशेष रूप से बनायी गयी थी, जिसमें पीछे बैठने की व्यवस्था भी थी अन्यथा फेरारी स्पोर्ट्स कार मानी जाती है, जिसमें दो ही सीटें होती हैं। उन्होंने ड्राइवर से किसी जगह का नाम लिया, जो लगभग दुबई से बाहर थी। कार शुरू होने के बाद हुसेन बोले—'आवाज़ सुनियेगा, शेर की तरह गरजती है'। हम लोग दूर किसी समुद्री किनारे, जहाँ ढेरों नावें खड़ी थीं, पहुँचे और उन्होंने कहा—'चलिये, आपको ब्रिटिश ब्रेकफास्ट कराया जाए'। वे एक रेस्तराँ में ले गये और हम दोनों ने अपना 'आर्डर' दिया, तब उन्हें पता चला कि वे पैसा रखना भूल चुके हैं। हुसेन ने मुझसे कहा—'आपके पास पैसे हैं?' जब तक मैं चुका-चुका था। उस सुबह दुबई के बाहर उस रेस्तराँ में देर तक बैठे जहाँ हुसेन दुबई में बन रहे इस संग्रहालय की योजना बताते रहे। फिर हम लोग चार अलग-अलग घरों/स्टूडियो में गये, जहाँ इन चारों संग्रहालयों के चित्रों पर काम किया जा रहा था। हुसेन की स्मरण-शक्ति अन्त तक उनके साथ रही। कभी-कभी वह भूलने का नाट्य भी कर लेते रहे।

हुसेन के कुछ छूट गये, कुछ अधूरे रह गये काम अब शायद ही किसी तरह पूरे हो सकेंगे। शायद वे ख़ुद भी उन्हें कुछ अधूरा ही छोड़ना चाहते रहे होंगे। हुसेन की निरन्तरता ही उनके हज़ारों काम के पूरे होने का कारण रही और उनके अधूरे छूट गये कामों की भी।

2011

# हुसेन का घर

हुसेन का क़तर चले जाना एक व्यक्ति का स्वतन्त्र निर्णय है। चर्चा इसलिये हो रही है कि हुसेन एक साधारण नागरिक नहीं चित्रकार हैं जिनकी रचनात्मक उपस्थिति इस देश के लोगों की आदत बन चुकी है और जो अपनी लगातार नयी-नयी गतिविधियों से ख़बरों में बने रहते हैं। उनके क़तर जाने के पीछे यह कुतर्क किसी मूर्ख क्षण में सोचा जा सकता है कि हुसेन अब आयकर नहीं चुकाना चाहते हैं। हुसेन पिछले अस्सी सालों से देश में रह रहे हैं और आज तक की चोरी का उदाहरण उनके साथ पेश नहीं हुआ। हुसेन का जाना यदि तकलीफ़ दे रहा है उसके पीछे बात सिर्फ़ यही नहीं है वो एक ऐसे चित्रकार हैं जिसने इस देश की कला सम्भावना को अनुभव किया और उसे विश्वास के उस मुक़ाम तक ले गये जहाँ जनमानस के साथ एक सीधा रिश्ता बन पाया। पिछले कई सालों से देश की कई पीढ़ियाँ चित्रकला के नाम पर हुसेन को पढ़ती समझती और जानती रही हैं। यह भी हुआ कि हुसेन ने

जनमानस के सामने उदाहरण रखा कैसे एक साधारण घर का लड़का अपनी ज़िद पर उस मुक़ाम तक पहुँच सकता है जो इस देश के हर नागरिक को उपलब्ध है। हुसेन न सिर्फ़ कला की अन्तरराष्ट्रीय ऊँचाइयों तक पहुँचे बल्कि युवा पीढ़ी के आदर्श भी बने। कला महाविद्यालय जाने वाले विद्यार्थी का आत्मविश्वास बने। कला के नये प्रतिमान बनाये और पहले भारतीय चित्रकार हुए जो पिकासो के साथ प्रदर्शित किये गये। हुसेन इस देश में जनसाधारण के साथ आज़ादी के अनिश्चित बहाव के साथ बहे और लगातार सक्रिय रहे। उनका किया-धरा सबके सामने उतने ही संकोच और उसी आत्मसम्मान के साथ रखा जो एक मनुष्य का हो सकता है। लोगों ने भी हुसेन को वही प्यार और स्नेह दिया जिसके वे हक़दार थे। हुसेन के चित्रों के विषय विविध रहे और वह उन्होंने सब भी चित्रित किया जो इस मुल्क़ में हो रहा था—उसके सुख यदि हुसेन का विषय बने तो उस पर आयी विपत्तियों से उपजे दुःख को भी हुसेन ने अपनी कूची से बर्दाश्त किया। दिनचर्या से लेकर भारतीय मिथक भी चित्रित किये और घोड़े बेचकर सोए भी ख़ूब। हुसेन का हर कर्म करिश्मे की तरह भी देखा गया और उस पर छींटाकशी भी ख़ूब हुई। हुसेन दैनन्दिनी के साथ परम्परा भी चित्रित करते रहे। यह भी समझते रहे कि इस देश में नग्नता का अर्थ पश्चिम की नग्नता से अलग है। भारतीय परम्परा में काम का अर्थ उसके यौन कर्मों के अलावा आध्यात्मिक ऊँचाई से भी है। वात्स्यायन जैसे अनेक लेखकों ने उसके आध्यात्मिक अर्थ के विस्तार में जाने की कोशिश की है। हुसेन अर्थ के इसी विस्तार में गये और भारतीय संकेतों का भरपूर उपयोग किया। इन्हीं चित्रों के ऊपर बवाल खड़ा किया जाना ही हमारी समझ के विकार का क्षेत्र है जिसके परिणाम में हुसेन को देश छोड़ना पड़ा।

हुसेन का दुबई चले जाना निस्सन्देह भारतीय लोकतन्त्र की लचर अक्षमता का प्रमाण है।

हुसेन के कतर जाने के पीछे यह भी कहा जा रहा है कि यह एक ग़ैरज़िम्मेदार क़दम है। उन्हें यहीं रुककर अपने कोर्ट केस के फ़ैसलों का इन्तज़ार करना चाहिये।

हुसेन का विरोध किसलिये हो रहा है? उन पर आरोप है कि हिन्दू देवी-देवताओं के अर्धनग्न चित्र बनाये। यह भी कि भारत माता का अश्लील चित्रण किया। कुछ चित्र जिनमें सरस्वती प्रमुख हैं। सबसे ज़्यादा विवादित है।

इस विवाद के शुरू होने के पहले भारत सरकार ने उन्हें समय-समय पर सम्मानित किया है। भारतीय

समकालीन कला के प्रति उनके विशाल योगदान के लिये पहले पद्मश्री और बाद में पद्मभूषण से नवाजा। छह साल राज्यसभा के सदस्य के रूप में नामांकित किया। वर्षों तक वे एकमात्र निर्विवाद हिन्दुस्तानी कलाकार रहे और अचानक उनके चित्र अश्लील हो गये? जिस विवादित सरस्वती का ज़िक्र है, वह चित्र नहीं बल्कि रेखांकन है। 1977 में बने इस रेखांकन को 1996 में अश्लील चित्र में तब्दील होना है। यह हुसेन क्या ख़ुद वाग्देवी, सरस्वती भी नहीं जानती थीं। उस बेचारी को यह अंदाज़ा नहीं होगा कि कुछ लोग उसी की दी वाणी का इस्तेमाल कर उसे ही अश्लील ठहराने की कोशिश करेंगे। यह भी दिलचस्प है कि उसके बरक्स जिस सरस्वती को पवित्र चित्रण की तरह रखा जा रहा है, राजा रवि वर्मा की सरस्वती है। रवि वर्मा के चित्र भारतीय चित्रकला के अश्लील चित्र उदाहरण हैं। इस पर एक लेख ''देवी'' नामक प्रदर्शनी के कैटलॉग में भी मिल जाएगा, जो कुछ वर्ष पूर्व वाशिंग्टन के स्मिथसोनियन संग्रहालय ने छापा है और इस अश्लील भद्दे चित्रण पर कई विद्वतजन लिख चुके हैं जिसे सुधी पाठक जानते हैं।

रवि वर्मा की सरस्वती को देखें। पहली बार एक हिन्दुस्तानी चित्रकार अँगरेज़ी तरीक़े से चित्र बनाना सीखता है। उसके विषय हिन्दू पौराणिक मिथक से चुनता है। पहली बार ही यथार्थवादी चित्र बनते हैं और इसमें सरस्वती का शरीर प्रमुखता से चित्रित होता है जो एक साड़ी से लिपटा हुआ है। साड़ी का चित्रण कुछ इस तरह है कि सरस्वती के अंग उभार स्पष्टता से दीख पड़ें। नग्नता अश्लील नहीं हो सकती, अरुचिकर अवश्य जान पड़ती है किन्तु छिपाए गये अंग व्यक्ति की कल्पना का रास्ता खोलते हैं जो सम्भवतः अश्लील भी हो सकता है। रवि वर्मा ने सरस्वती के शरीर को तन्मयता से चित्रित किया है। चित्र का शेष भाग इसका गवाह है। रवि वर्मा के इन्हीं प्रयासों के साथ अश्लीलता की शुरुआत भारतीय चित्रकला में होती है।

इसके पहले हमारी चित्रकला में यथार्थवादी चित्रण की जगह भाववादी चित्र बनाये जाते रहे हैं जहाँ 'विषय' नहीं भाव प्रमुख है। अँगरेज़ों की चित्रकला परम्परा में 'विषय' महत्त्वपूर्ण हैं और यह दावा भी कि वही हूबहू चित्रण है। इस विधि से यथार्थ को प्रकृति में जैसा है प्रस्तुत करने का प्रयास किया जाता है। प्रकृति में मौजूद यथार्थ का चित्रण चित्रकला की एक विधा हो सकती है किन्तु सत्य की तरह उसे बरता नहीं जा सकता। संसार की कई चित्रशैलियाँ हैं और वे सभी प्रामाणिक हैं। हूबहू चित्रण में चित्रकार का कौशल उसकी कल्पना से ज़्यादा जो दिख रहा है उसे ठीक-ठाक चित्रित करने में है, यही

वो दरार है जहाँ से अश्लीलता प्रवेश करती है। रवि वर्मा के लिये यह सम्भव न था कि अपनी प्रेमिका को देवी की तरह चित्रित कर सकें। यहाँ गौरतलब है कि रवि वर्मा चूँकि इस परम्परा के बड़े चित्रकार नहीं हैं इसलिये उनके सारे चित्र इस तरह यथार्थवादी अधकचरे प्रयास कहे जा सकते हैं। यथार्थवादी चित्रण में भी कल्पना की उड़ान सम्भव है। इसके उदाहरण भी हैं, किन्तु यह सब उन उस्तादों की बातें हैं जो इस परम्परा में पीढ़ी दर पीढ़ी कम हो रहे हैं। उन उदाहरणों से यहाँ काम नहीं चलेगा। उनके विषय अपने हैं और उनका स्थान विशेष है। रवि वर्मा हमारे अपने देश के चित्रकार हैं और उनके प्रति पूरे सम्मान के साथ यह बात लिख रहा हूँ। भारतीय चित्रकला में हूबहू चित्रण नहीं होने से चित्रकार अपनी कल्पना से उन जगहों पर भी जाने की कुशलता रखता है जो यथार्थवादी चित्रण में सम्भव नहीं हो पाता। खजुराहो या ऐसे अनेक उदाहरण भारतीय चित्र और शिल्प कला में मौजूद हैं जहाँ स्त्री शरीर नग्न है किन्तु नंगा नहीं। देवियों के शरीर का चित्रण विषयवस्तु की तरह नहीं बल्कि एक उपस्थिति की तरह रहा है जिसका होना उसी चित्र में दूसरे की तरह ही है। भारतीय कला में नग्नता विषय नहीं रहा जबकि न्यूड चित्रण के बड़े उदाहरण पश्चिमी चित्रकला में मौजूद हैं। इस कारण यहाँ की कला में स्त्री शरीर अश्लील नहीं लगता और न ही उसकी मांसलता आकर्षित करती है बल्कि उसकी लयात्मकता ही कल्पना के आश्चर्यचकित कर देने वाले उदाहरण हैं। चित्र का प्रभाव देवी के प्रभाव की तरह चित्रित किया गया है और शिल्प में देवी के शरीर के अतिरेक भरे स्तन और नितम्ब उसकी आस्था के पीछे हुए जाते हैं। उसकी देह ग्रीक कला के मानदण्डों से भोंड़ी और अनुपातहीन लग सकती है जिस पर पश्चिमी चित्रकला टिकी है। हमारे यहाँ अनुपात चित्रकला का ध्येय नहीं रहा। कल्पना की उड़ान ही कलाकार की सीमा हो सकती है।

यहाँ किसी को लग सकता है कि मैं पश्चिमी कला को कमतर आँक रहा हूँ तब यह उसकी ग़लती की तरह देखा जाना चाहिये। मेरी नज़र में उनका स्थान उतना ही विशिष्ट है जितना भारतीय चित्रकला का। किन्तु यह सम्भव नहीं है कि मैं भारतीय चित्रकला को पश्चिमी मानदण्डों से नापकर हुसेन पर फ़तवा जारी करूँ।

मैं अँगरेज़ों का गुलाम नहीं हूँ, आज़ादी के बाद भारत में पैदा हुआ इसलिये गुलाम की तरह नहीं सोच सकता कि जो कुछ भी श्रेष्ठ है वह पश्चिम से आया है या कि मेरे देश की कला अश्लीलता से भरी है। हुसेन एक भारतीय चित्रकार हैं और वे उसी परम्परा में चित्रण करते हैं जो इस देश की है। दुर्भाग्य

से हम उनके चित्र पश्चिम के कला मानदण्डों से तौलकर उन्हें मजबूर कर रहे हैं देश से बाहर रहने के लिये।

चित्रकला को पश्चिमी और पूर्वी कला में बाँटना भी एक अज्ञानता ही है किन्तु इसमें बँटा मन एकमत होगा यह उससे बड़ी अज्ञानता है। मेरे लिये सभी कलाएँ मनुष्य को सम्बोधित हैं और उसकी स्थानीयता ही उसे दूसरे से अलग करती है। यही स्थानीयता रवि वर्मा को भी उपलब्ध थी किन्तु वे चित्र बनाते हैं दूसरी परम्परा में शायद इसलिये भी कि मालिक की कला है। मालिक ख़ुश होगा। रवि वर्मा मालिक की पसन्द के विषय बनाते हैं जो स्थानीय हैं। अँगरेज़ों के लिये यह समझना निश्चित ही मुश्किल रहा होगा कि इतने सारे देवी-देवता एक जनमानस के पास कैसे हो सकते हैं। जबकि उनका ईश्वर सिर्फ़ एक है। रवि वर्मा के लिये ये देवी-देवता आसान विषय बन गये होंगे जिनके रास्ते वे मालिक को भी अचम्भित कर सकते थे। देखो मैंने जीसस नहीं बनाया ये कोई और देवता है!

रवि वर्मा को यथार्थवादी परम्परा में रखें तो उनका नाम दुनिया के पहले पाँच सौ कलाकारों में भी नहीं आता। इस शैली के अनेकों उस्ताद हैं। रवि वर्मा को तो ठीक उनके गुरु बेन जानसन का नाम भी कहीं दिखायी नहीं देता। हम किसके उदाहरण से अपने देश के बड़े चित्रकार को तौल रहे हैं जिसके लिये भारत सिर्फ़ एक विषय था। अपने कलैण्डरनुमा चित्रों से भारतीय चित्रकला को कलंकित ही किया। उसमें कल्पना और रचनाशीलता की जगह चापलूसी और ख़ुशामद को जगह दी। साधारण लोगों की जगह ख़ास चित्र ख़ास लोगों के लिये बनाये। वर्मा के कलैण्डरनुमा चित्रों से भारतीय कला में कुछ श्रेष्ठ रचा गया हो ऐसा उदाहरण आज तक नहीं मिलता बल्कि उसके कारण कई अधकचरे चित्रकार दावा पेश करते दीख पड़ते हैं।

रवि वर्मा को इस बात का श्रेय जाता है कि उन्होंने भारत में पहली लिथो प्रेस लगाई। अपने यथार्थवादी चित्रों की हज़ारों नक़ल तैयार कर हिन्दुस्तान में फैलाया। उसका दूरगामी परिणाम भी ख़तरनाक रहा कि आज तक हिन्दी सिनेमा उस छिछली, सतही, अश्लीलता से आगे नहीं जा पाया।

रवि वर्मा ने सरस्वती बनायी जिनकी मांसल देह एक चिपकी हुई साड़ी से उजागर हो रही है। सरस्वती के चित्रण में इतना ध्यान नहीं दिया गया जितना उसके शरीर को हू-ब-हू चित्रित करने में। चित्र बनाने का ढँग चूँकि यथार्थवादी है अतः इस मांसल देह को पहली बार आम आदमी ने महसूस किया और

उसकी उत्तेजकता भी। आम आदमी को जो स्वप्न हिन्दी सिनेमा दिखा रहा है उसका मूर्त रूप कलैण्डर घर में टँगा है। यहाँ वो काल्पनिक नायिका से रू-ब-रू हो सकता है जो उसकी पकड़ से बाहर है। अँगरेज़ों के लिये उनका एक ग़ुलाम उन्हीं की नक़ल कर रहा था इसलिये उसे भारतीय कला की तरह दुनिया भर में गाया। इतना कि हम भी उसी को अपनी परम्परा समझ बैठे। आज भी हमारे महाविद्यालयों में यही पढ़ाया जाता है। कई तथाकथित विद्वान भी यही मानते हैं कि आधुनिक भारतीय चित्रकला की शुरुआत यहीं से होती है।

अँगरेज़ों के इस ग़ुलाम को सरकारी सहायता भरपूर थी क्योंकि यही था जो संस्कृति में छेद कर रहा था। अँगरेज़ जानते थे कि वह जिस परम्परा में चित्र बना रहा है, इन चित्रों से उस परम्परा का कुछ नहीं बिगड़ेगा किन्तु इधर वो सफल होंगे इस देश के लोगों के बीच उन्ही की संस्कृति के बारे में एकरेखीय समझ फैलाने में। हिन्दुस्तान में सरस्वती की कोई एक शक्ल मौजूद नहीं थी या कि किसी भी देवता के बारे में हिन्दुस्तानी मानस एकमत रहा। अँगरेज़ों के लिये यह समझना भी मुश्किल रहा होगा कि जीवन-भर मन्दिर गये बग़ैर कैसे कोई हिन्दू बना रह सकता है? हिन्दुस्तानी समाज की विविधता ही विशेषतः उनकी उलझन रही होगी कि इस भूमि पर एक-दूसरे के विपरीत ख़याल रखने वाले बिना हत्या किये शास्त्रार्थ से सहमत हो सकते थे। यह सब शासन करने में बाधक भी रहा होगा और ऐसे में एक चित्रकार-रूपी राज्याश्रय प्राप्त राजा के लिये ज़्यादा आसान रहा होगा अपनी कला से हिन्दू धर्म की एकरूप छवि लोगों तक पहुँचाना। हिन्दू धर्म की बहुवचनात्मकता पर यह भरा-पूरा वार था। वैविध्य और अनेकता की बड़ी शिकस्त थी। जिस हिन्दू धर्म में 'एकमूर्ति प्राण स्थापना' अँगरेज़ आज तक नहीं कर पाये थे वो एक साधारण चित्रकार कर रहा था। उनके लिये आसान था कि जनमानस एक ईश्वरवादी हो जिसे ईश्वर भय से नियन्त्रित किया जा सके। यहाँ हर ईश्वर अलग था और उसके मानने वाले भिन्न थे, इन चित्रों से यह काम पहली बार हो सकता था कि एक ईश्वर प्रतिमा घर-घर पहुँचे।

रवि वर्मा एक चित्रकार के रूप में बहुत प्रतिभाशाली नहीं हैं, उनके चित्र प्रमाण से मैं कह रहा हूँ। मैंने पहले मैसूर फिर मुम्बई में रवि वर्मा की चित्रित कमज़ोरियों को देखा। एक चित्रकार की तरह मैंने पहली बार जाना कि रवि वर्मा ने ख़ुद को चलताऊ ढँग से बरता है। शायद इसका कारण यह भी हो कि वे अन्त तक तैलचित्र बनाने की तकनीक को नहीं साध पाये। ज़्यादातर चित्र जैसे-तैसे निपटाये गये चित्र हैं। चित्रकार की सीखी कुशलता शरीर बनाने में चुक जाती है उसके बाद का चित्र सिर्फ़ पूरा करने के

लिये बनाया गया है। एक चित्रकार की प्रतिभा उसकी कल्पना से जानी जा सकती है और इसी कल्पना के सहारे वो तकनीक पर भी महारत हासिल करता है। किन्तु यहाँ विषय-वस्तु और तकनीक दोनों ही मोर्चों पर विफल रहे वर्मा को अन्तरराष्ट्रीय ख्याति भी मिल चुकी थी। रवि वर्मा की धाक जमाने के लिये चालाक अँगरेज़ ने विएना द्विवार्षिकी में रवि वर्मा को पुरस्कार भी दिलवाया। एक गुलाम के डंके बजाने के लिये सारे दाँव पेच खेले गये। विएना में पुरस्कार प्राप्त ग़ुलाम चित्रकार से अपने व्यक्ति चित्र बनवाना शेष ग़ुलाम राजाओं का शग़ल हो गया था। उस पर एक ग़ुलाम चित्रकार ग़ुलाम राजा का चित्र बनाने के लिये अपनी रेलगाड़ी से जाता है, यह बात उस वक़्त प्रसिद्धि के लिये काफ़ी थी। रवि वर्मा के रास्ते अँगरेज़, ग़ुलाम समाज की सोच को प्रभावित करने में सफल रहे। उस विविध हिन्दू समाज को बाध्य कर पाए एक कलैण्डर पूजने के लिये। रवि वर्मा के इन्हीं चित्रों को हिन्दू देवी देवताओं के पवित्र चित्रण प्रमाण के रूप में रखना क्या यह नहीं बताता कि आज भी हम ग़ुलामी से मुक्त नहीं हो पाये।

मुझे रवि वर्मा से कोई शिकायत नहीं है। हो सकता है कि वे एक उदासीन देशभक्त हों और उनका ध्यान चित्रकला में ही बसा हो। एक राजा की हैसियत से हो सकता है अपनी प्रजा का बदतर इस्तेमाल करते हों, रवि वर्मा ख़ुद राजा थे और जानते थे उनकी प्रतिष्ठा क्या है किन्तु चित्रकार वे अत्यन्त साधारण थे यह बात पूरे सम्मान और विश्वास के साथ कह रहा हूँ।

हुसेन और रवि वर्मा के चित्रों की बराबरी नहीं हो सकती। हुसेन एक प्रतिभाशाली, आत्मसम्मानी, देशभक्त, कल्पनाशील चित्रकार हैं जिन्होंने न सिर्फ़ भारतीय परम्परा को समझा बल्कि उसकी आधुनिक भाषा भी गढ़ी। रचनात्मक जोख़िम उठाए और वैचारिक निवेश भी किया। उनके लिये आसान था रवि वर्मा की नक़ल करना और प्रसिद्ध पाना, फिर भी वे भारतीय परम्परा में गये पूरी समझ और गहरे विश्वास के साथ। वे जानते हैं इस संस्कृति की बहुवचनात्मकता। उसका बहुविध वैभव। उसके द्वैत। उसकी वैचारिक स्वतन्त्रता जिसका अनुभव उन्होंने जीवन भर किया और शान से जिया भी बग़ैर किसी की भावना को चोट पहुँचाये।

हुसेन एक ऐसे चित्रकार हुए जिसने यह समझा इस देश का सांस्कृतिक मानस कुचला गया है। उसके विश्वासों को तोड़ा गया है। उसकी समझ पर एकरेखीय प्रभाव उकेरा गया है। बिखरा टूटा यह मानस क्षमता रखता है फिर जुड़ सकने की। यही विश्वास हुसेन को आज़ादी के बाद विदेश जाने से रोकता

है। उस वक्त जब देश आज़ाद हुआ ही था और लगभग सभी साथी कला को समझने विदेश गये। कला के केन्द्र पेरिस, लन्दन और न्यूयॉर्क उन्हें आकर्षित कर रहे थे। आज़ाद मुल्क का चित्रकार अपनी आज़ादी इन्हीं केन्द्रों में देख पा रहा था। हुसेन गाँव की गलियों में भटकते रहे, इस देश के लोगों के दिलों में राज करने वाली रामलीला के पीछे-पीछे घूमते देखते महसूस करते हैं टूटे हुए, बिखरे हुए आज़ाद भारत को। हुसेन का सामना कुचले हुए लोक मानस से होता है। देश की माटी की गन्ध से वे सराबोर होते हैं और उनका साक्षात्कार होता है सहजता से, समानता से, सहभागिता से। देश के लोगों का मन बिंधा हुआ था किन्तु आत्मविश्वास लौटाया जा सकता था। इसी दौरान हुसेन यह भी देखते हैं कि भारतीय चित्रकला का ऐसा कोई रूप प्रचलन में नहीं है जो उसकी बहुविध जीवन शैली को समेटता हो। भारतीय चित्रकला का रूप जैसा अँगरेज़ बता गये प्रचलन में है। एकरूपता बनी रहे इसके लिये कई महाविद्यालय खोले गये हैं जहाँ उसी अँगरेज़ी समझ वाली शैली को पढ़ाया जाता है। गाँवों के दृश्य, पानी भरती स्त्रियाँ, ग्रामीण भारत, ग़रीब जनता आदि ही विषय हैं जिसमें कोई कलात्मक अनुभव की शायद ही गुंजाइश हो। हुसेन शुरू करते हैं विविध विषयों के चित्रों से। मैं यह बिलकुल नहीं कह रहा हूँ कि यह सब हुसेन ने 1947 में सोचकर शुरू किया किन्तु उनके चित्र प्रमाण से यह कहा जा सकता है। हुसेन के पहले अमृता शेरगिल, रवीन्द्रनाथ टैगोर, यामिनी रॉय, बेन्द्रे आदि अनेक कलाकारों ने भी कला की अपनी आवाज़ को सुनकर कुछ इसी दिशा में अलग काम किये थे किन्तु सरस्वती का वरदहस्त हुसेन पर था।

जिस सरस्वती को विवाद में घसीटा जा रहा है वह एक रेखांकन है। और हम सब जानते हैं कि रेखांकन में मांसलता पायी ही नहीं जा सकती जिससे उतेजना हो, जो अश्लील विचारों तक ले जा सके। एक रेखांकन में चित्रकार का कौशल कम रेखाओं में अधिक व्यक्त करने में दीखता है और इस हिसाब से यह एक सशक्त रेखांकन है। रेखांकन को वस्तु का ढाँचा कहना ठीक होगा। वह इन्द्रियगोचर नहीं होगा, उसमें शारीरिकता का अभाव होगा। जो ढाँचा है उसका शारीरिक अहसास कैसे किया जा सकता है जिसमें अश्लीलता का अहसास हो सके? यह चित्र, पहले तो बीस साल बाद अश्लील हुआ, दूसरा बग़ैर शरीर के अश्लील लगने लगा? यह कौन-सी संवेदना है जिसका ज्ञाता अज्ञात है?

क्या यह राजनीति की विवशता है कि प्रामाणिक होने के लिये देश के एक बुज़ुर्ग चित्रकार के रेखांकन को मुद्दा बनाये हुए है?

क्या हमारे राजनीतिक दलों को एकमत होकर इसका विरोध नहीं करना चाहिये? ताकि इस मुल्क के लोग अपने सांस्कृतिक लाभ से वंचित न हो सकें। भारत सरकार के पास अब तक कोई संस्कृति नीति नहीं है। अँगरेज़ों के लिये यह ठीक था कि अपने ग़ुलामों की संस्कृति नीति क्यों बनाये किन्तु क्या हमें नहीं बनानी चाहिये जिससे इस तरह के उदाहरण और न बन सकें और हुसेन के लिये ससम्मान वापस आने का रास्ता खुल सके। यह सब आदर्शवादी लग सकता है और मैं यह कहना चाहूँगा कि आज़ादी के तिरसठ साल बाद ही सही, देश की संस्कृति नीति बने जिसका प्रचार विदेशों में सिर्फ़ प्राचीन सांस्कृतिक देश के रूप में किया जाता है जहाँ कई संस्कृतियाँ साथ रह रही हैं। जो हमारा Incredible India है।

हिंसा का सहारा लिये बिना इस देश को अगर आज़ादी मिल सकती है तो हम क्यों नहीं हुसेन के रेखाचित्रों का निपटारा बैठकर कर सकते हैं।

जब मैं कह रहा हूँ कि हुसेन भारतीय परम्परा में काम कर रहे हैं तब मेरा इशारा इस तरफ़ भी है कि हम ब्रह्मा, विष्णु, महेश में से किसी को बड़ा या छोटा नहीं मानते। तीनों के बीच उच्चावचन नहीं है। वे साथ हैं और नहीं भी। तीनों समय पड़ने पर एक-दूसरे की मदद करते हैं। इनके बीच कोई भेद नहीं है। इनके भक्तों के बीच ख़ूब भेद हैं। फिर भी मन्दिर के गर्भगृह में रखे लिंग का विवाद नहीं है। लिंग भी योनि में रखा है। यह संकेत है कि जो गर्भ में है वही सत्य है। जो अजन्मा है सत्य है, शेष माया सभी के लिये समान है।

हुसेन इसी माया का चित्रण करते हैं। हुसेन इस माया को जानते हैं। जानने की कोशिश करते हैं। कोई दावा नहीं करते, अपनी कल्पना से माया का चित्रण भी करते हैं और सब व्यर्थ है यह भी समझते हैं तभी एक वार्ता में कहते भी हैं कि उनकी अन्तिम इच्छा अपने सारे चित्रों को जलाने की है।

यह विवाद कहाँ से शुरू हुआ उसका एक किस्सा है :

ओम नागपाल किन्हीं कमज़ोर क्षणों में यह गुस्ताख़ी कर गुज़रते हैं कि हुसेन से एक चित्र की माँग करते हैं और हुसेन शालीनता से चित्र नहीं देते हैं। कुछ दिनों बाद भोपाल से निकलने वाली एक पत्रिका 'विचार मीमांसा' के सितम्बर के अंक में ओम नागपाल हुसेन पर अपना गुस्सा निकालते हुए एक लेख 'चित्रकार है या कसाई' लिखते हैं। जिसमें पहली बार हुसेन पर यह आरोप लगता है कि वे मुसलमान हैं और हिन्दू देवी-देवताओं का नग्न चित्रण कर रहे हैं।

ओम नागपाल यह जानते हैं कि हुसेन मुसलमान नहीं सुलेमानी सम्प्रदाय से हैं जिन्हें मुसलमानों ने यमन से मारकर भगाया तब वे आकर हिन्दुस्तान में बसे थे।

इसी अंक में सरस्वती का वह विवादित रेखांकन भी छापा। तीन दिनों तक इस पत्रिका की तरफ़ किसी का ध्यान नहीं गया। सबने उसे एक साधारण भड़काऊ लेख की तरह ही देखा जिसका महत्त्व 'मनोहर कहानियाँ' में छपने वाले उन लेखों की तरह था जो किसी सनसनीखेज़ सत्य को उजागर करने का निर्लज्ज दावा कर रहा हो। चौथे दिन एक राजनीतिक दल के प्रमुख ने सरकार के किसी मोर्चे पर निष्फल रहने पर जनता का ध्यान बँटाने के उपायों को खोजते हुए इस लेख को देखा।

अगले दिन कई मोर्चों पर यह अंक और हुसेन के पुतले जले और अख़बारों के रास्ते हमने जाना कि हमारी सरस्वती बीस साल बाद अश्लील हो गयी। आज तक यह ग़लती सुधारी नहीं गयी। कलाकार समुदाय चुप है। जैसे यह हुसेन का मसला है। देश के बुद्धिजीवी जब लिखते हैं तब पता नहीं चलता कि वे क्या कह रहे हैं। शशि थरूर हुसेन को पिकासो कहकर दोनों चित्रकारों का अपमान करते हैं।

क्या हम एक विचारहीन समाज होने की तरफ़ बढ़ रहे हैं जो अपनी परम्परा से कटा हुआ है और जो इसको समझने के लिये बिलकुल तैयार नहीं है कि राजनीति उनकी मदद करने के लिये है और राजनीतिज्ञ उनके नौकर।

एण्डरसन शान से चला जाता है। और उफ तक नहीं होती। हुसेन आना चाहते हैं और प्रयास भी नहीं किया जाता? आत्मसम्मान बिना हम किस तरह का समाज बनाना चाहते हैं?

अँगरेज़ों को रवि वर्मा को बढ़ाने का फल अब मिला। हम लोग अपने देश के प्रमुख चित्रकार पर हमले का आधार ईसाई विचारधारा से प्राप्त कर रहे हैं जहाँ मरियम का कुँवारी होना एक मूल्य है जबकि कुँवारेपन का आशय हमारी संस्कृति में कुछ दूसरा है। प्रातः पूजनीय पंच कन्या, अहिल्या, तारा, मन्दोदरी, द्रौपदी, और कुन्ती सभी एक से ज़्यादा पति की पत्नियाँ हैं और फिर भी कुँवारी हैं। अँगरेज़ों का दोष अब उतना नहीं रहा जितना हमारा। हमें एक आज़ाद मुल्क की तरह सोचने-समझने के क्षेत्र तय करने होंगे। जहाँ हम इस तरह की नैतिक ज़िम्मेदारियाँ ख़ुद तय कर सकें।

क्या अभी भी हमें असली मुद्दों पर सोचने के लिये किसी मैकाले की ज़रूरत होगी कि वो आये और हमारी शिक्षा प्रणाली में परिवर्तन करें ताकि हम अपने देश के सन्दर्भ में सोच सकें?

हमारे सामने सवाल यही है कि क्या सरस्वती का यही चित्रण हमारी परम्परा के अनुकूल है तो जवाब होगा हाँ। जितने भी लोग इसका विरोध कर रहे हैं या तो उन्होंने इस रेखांकन को देखा नहीं है और यदि देखा भी तब वो पहली बार किसी कलाकृति पर अपनी राय व्यक्त कर रहे हैं। बिना कला की बारीकियों को जाने।

चित्रकला के इतिहास में यह भी पहली बार हुआ है कि एक कलाकृति बनने के बीस साल बाद अश्लील हो गयी।

यहाँ उल्लेखनीय यह भी है कि देश में तिरसठ सालों में कोई कला समीक्षक नहीं हुआ। सरस्वती पर कोई विशेषज्ञ नहीं बोला। इसका एक ही कारण है कि हिन्दुस्तान में कोई विशेषज्ञ है ही नहीं। सैंतालिस में आज़ादी पाने के बाद से अब तक एक भी ऐसा समीक्षक नहीं हुआ जो अपनी राय रखता हो और इस वक्त भी यह हालत है कि आने वाले पच्चीस सालों में कोई आता नहीं दीख रहा। इस विशेषज्ञ-शून्य देश में अब कला जैसे नाजुक मसले पर भी कोई बोलने वाला नहीं है। कलाकार समुदाय चुप है कि उसकी कौन सुनता? सरकार ने अपनी सुरक्षा का इन्तज़ाम पक्का किया। लोग मरते रहें।

एक वाकया याद आ रहा है। गाँधीजी जब हिन्दुस्तान लौटे वे दक्षिण अफ्रीका में एक राजनीतिज्ञ के रूप में प्रसिद्धि पा चुके थे। वे आकर गोखले से मिलते हैं और गोखले उनसे एक वादा लेते हैं कि वे एक साल तक कोई राजनीतिक वक्तव्य नहीं देंगे और इस एक साल वे देश घूमकर देखें कि किन लोगों की राजनीति करेंगे। गाँधीजी का एक साल बनारस में पूरा होता है और उस दिन वहाँ गवर्नर आया हुआ था, उसकी सुरक्षा व्यवस्था देख उस सभा में गाँधीजी ने कहा कि गर्वनर साहेब की सुरक्षा व्यवस्था देखकर लगता है कि उन्हें डर है कि प्रजा उनकी हत्या कर सकती है, यदि ऐसा है तब उन्हें मर जाना चाहिये।

क्यों ऐसा नहीं हुआ कि हुसेन शान से इस देश में रह सके? क्या इसका जवाब है किसी नेता के पास?

यहाँ एक दिलचस्प वाकया याद आता है। घनश्यामदास बिरला ने खजुराहो देखा और उन्हें अत्यन्त अश्लील लगा। वे गाँधीजी को चिट्ठी लिखते हैं और इन मन्दिरों को सीमेंट से भरवा देने का प्रस्ताव रखते हैं। गाँधीजी ने खजुराहो नहीं देखा था वे कुछ कहने की स्थिति में नहीं थे। उन्होंने प्रख्यात

चित्रकार नन्दलाल बोस को चिट्ठी लिख उनके विचार जानने चाहे। नन्दलाल बोस ने लिखा ये महान कलाकृतियाँ हैं। इस तरह व्यावहारिक विवेक से खजुराहो के मन्दिर हमें आज भी देखने के लिये उपलब्ध हैं।

यह घटना अद्भुत उदाहरण है व्यावहारिक बुद्धि के इस्तेमाल का।

देखने को परिभाषित नहीं किया जा सकता है। मैंने भारत भवन में बीस साल से ज़्यादा काम किया और अपने अनुभव से बात सकता हूँ लोग देखते नहीं। चित्रों को बिलकुल ही नहीं। वहाँ आने वाला शहरी दर्शक चित्र के सामने एकदम हथियार डालते हुए कहता है कि हमें समझता नहीं समझाओ। देखने के पहले देखना बन्द कर देता, अब आप कुछ भी बताओ, जाते वक्त उसे कुछ याद नहीं रहता कि क्या देखा था। पूर्वग्रह से बाहर आने पर ही देखना शुरू हो सकता है। मेरा दावा है कि विरोध करने वाले से एकान्त में पूछो कि क्या तुमने सरस्वती देखी है? वह एक वाक्य नहीं बतला सकता। उसने ध्यान से देखना पहले ही बन्द कर दिया था और कलाकृतियाँ देखना उसे याद ही नहीं कब देखी थी।

एक अच्छी कलाकृति सबको अच्छी लगेगी।

कला के सौन्दर्य प्रतिमान नहीं बदलते, वे वही हैं। क्या हम अनुभव और उसके रस को बदलकर देख रहे हैं? कौन से प्रतिमान बदले हैं?

कलाकृतियों में रस वही है जो आज से कई वर्ष पूर्व कलाकृतियों में था, रहेगा भी। पचास साल पहले अँगरेज़ों के लिये हिन्दुस्तानी कला ग़ुलामों की कला थी जो कभी अच्छी नहीं हो सकती थी, अब एक आज़ाद मुल्क की कला की तरह उसे देखना पड़ रहा है इसलिये वे ही अब श्रेष्ठ कलाकृतियाँ हैं। चित्र वही हैं। कुछ बदला नही है।

अपनी नग्नता छिपाने के लिये मनुष्य दूसरों को नंगा कहता है, यह एक पुराना ढँग है। किन्तु यह अब प्रासंगिक नहीं है। देखने के ढँग में श्लील-अश्लील नहीं है वह सब एक जैसा ही होगा—उसको ग्रहण कैसे किया जा रहा है या करवाया जा रहा है यहाँ फ़र्क़ पैदा होता है। मेरा दावा है कि हुसेन की सरस्वती का विरोध कर रहे व्यक्तियों का निजी संसार हुसेन के प्रति श्रद्धा से भरा होगा क्योंकि हुसेन ने आज़ाद भारतीय की स्वतन्त्र पहचान बनाने में अपने बल पर दुनिया में प्रदर्शनी की है। कुछ ही लोग थे जिन्होंने आज़ादी के बाद दुनिया में हिन्दुस्तान के स्वतन्त्र व्यक्ति की तरह अपने को बरता। स्वतन्त्र भारत की सांस्कृतिक पहचान बनायी। हुसेन का राजनीतिक हिन्दुस्तानी मानस कितना ही विरोध करे

किन्तु प्रतिभा के प्रति हमेशा कृतज्ञ रहा है। प्रतिभा का एक अर्थ सरस्वती भी है। सरस्वती के दिये वरदान की क़ीमत उसके भीतरी मन में है बाहरी मन भले ही राजनीतिक शक्तियों से उजड़ा हो।

अपने देश के लोगों के प्रति यही विश्वास हुसेन का भी है जिसे वे व्यक्त कर चुके हैं।

स्वामीनाथन ने कहा है–'कला कला के लिये है किन्तु मनुष्य को सम्बोधित है—अनजान की तरफ़ से एक चामत्कारिक वस्तु के उपहार की तरह', इस उपहार में श्लील-अश्लील कैसे आ सकता है? हम उपहार में यह तय नहीं करते कि यह अच्छा या बुरा है बस उसे स्वीकार करते हैं और अच्छा नहीं लगने पर ढिंढोरा नहीं पीटते कि बुरा है।

मुझे याद है जब 1977 में टेलीविज़न शुरू हुआ तब ये दावा किया गया था कि इसका इस्तेमाल शिक्षा के प्रचार-प्रसार में होगा और इससे लोगों में जागरूकता आएगी। आज न्यूज़ चैनल तक फ़िल्मों के बारे में ख़बर दे रहे हैं या दिखाए जा चुके सीरियल फिर दिखा रहे हैं। अख़बार के मुखपृष्ठ पर कैटरीना के अस्पताल में भर्ती होने की ख़बर प्रमुख होती है। हमारे मीडिया को पढ़कर, देखकर, हिन्दुस्तान में सिर्फ़ फ़िल्मी समाज ही रहता है, जो नक़ली है, ऐसा किसी को भी लग सकता है। हम लोग इस बात से बिलकुल बेख़बर हैं कि कैसा समाज आने वाले बच्चों के लिये छोड़कर जा रहे हैं?

मैं जानता हूँ भोपाल में रहने वाले परिवार कभी भारत भवन अपने बच्चों को नहीं लाते जहाँ हिन्दुस्तानी कला का श्रेष्ठ संग्रह प्रदर्शित है। वे यह नहीं जानते हैं और यह जानने की कोशिश भी नहीं करते कैसे हम अपने बच्चों को संस्कृति से परिचित कराएँ? दिल्ली में कितने लोग अपनी रुचि से जाकर राष्ट्रीय कला दीर्घा देखते हैं। क्या यह बात मन में आयी है कि आज़ादी के बाद चित्रकला की दुनिया में कितने लोगों ने कुछ सार्थक रचा है जिसे जाकर देखें या फिर यह जानने की कोशिश करें कि क्या अश्लील है या श्लील?

कला में कुछ भी वर्जित नहीं है किन्तु समाज की वर्जनाएँ उस पर लागू की जाती रही हैं और कालान्तर में वे हास्यास्पद ही सिद्ध हुई हैं। कलाकार भी इसी समाज का हिस्सा है और ठीक इसीलिये वो ऐसा कुछ नहीं करता जो समाज में स्वीकार्य न हो।

हुसेन जो कर रहे हैं वह हमारी परम्परा का अंग है। हमारे यहाँ नग्नता अश्लील की तरह नहीं देखी जाती रही जिसके उदाहरण मैं ऊपर दे आया हूँ न ही किसी तरह के आदर्शवादी समाज की कल्पना की

गयी है। जिस तरह महात्मा गाँधी ने आत्मसम्मान खो चुकी भारतीय लोक चेतना को समझा और इकट्ठा किया ठीक वैसे ही हुसेन ने हिन्दुस्तान की कुचली हुई सांस्कृतिक चेतना को समझा और जागृत किया। इन दोनों के उदाहरण किसी देश के इतिहास में नहीं मिलेंगे।

भारतीय समाज विचित्र है, यहाँ वो सब सम्भव है जो एक तरह से मनुष्य का 'मन' है। जब तक वो किसी को तक़लीफ़ नहीं दे रहा, अपने पागलपन में रह सकता है, यह मन ही है जो शिव को मानता है और उसकी पूजा करने मन्दिर नहीं जाता, यहाँ के नास्तिक के लिये आस्तिक न होने की घोषणा करना ज़रूरी नहीं, और आस्तिक की दिनचर्या उसे नास्तिक ठहरा सकती है। कोई नास्तिक दावा नहीं करता भगवान के मरने की और कोई शंकराचार्य भक्त को बाध्य नहीं कर सकता मन्दिर जाने के लिये। फिर भी कुम्भ छह करोड़ लोग पहुँचते हैं। यह मन है जो उनको वहाँ ले जाता है जिसकी आस्था इस स्नान में है। यह सहजता ही उसका जीवन ढँग है। जहाँ बाध्यता नहीं विश्वास उसका साथी है।

इस भारतीयता का रंग यहाँ आने वाले सभी पर चढ़ा है चाहे वो अँगरेज़ हो या मुसलमान। अँगरेज़ चालाक रहा फिर भी इस देश के वासी का मिज़ाज क्या है आज तक समझ नहीं पाया? इसके बावज़ूद असल तोड़फोड़ अँगरेज़ ने ही की। उसने न सिर्फ़ यहाँ के सामाजिक ढाँचे को तोड़ा बल्कि अविश्वास की गन्ध भी फैलायी।

इस तोड़फोड़ को कोई शशि थरूर, हर्ष मन्दर, अरुंधती राय, चेतन भगत या इस तरह के कई अख़बारी विद्वान दूर नहीं कर सकते। इनमें क्षमता नहीं है विशेषज्ञ होने की। समग्रता में देखने की। हम सबके लिये हिन्दुस्तान विषय है जिस पर लिखकर पुरस्कार प्राप्त किया जा सकता है।

हुसेन की सरस्वती उतनी ही पवित्र है जितना वह रेखांकन। उनकी अप्रतिम प्रतिभा से निकला यह रेखांकन देश की धरोहर है जिसे अगली पीढ़ी तक पहुँचाना भी हमारी ही ज़िम्मेदारी है। हुसेन एक पारम्परिक चित्रकार हैं वे कतर में रहें या काबुल में, उनका मन इन्दौर की उन्हीं गलियों में भटकता है जहाँ बड़े गणपति के सामने से दुलदुल घोड़ा भी निकलता है। जहाँ खान नदी बहती है और नौलखा के बग़ीचे में हुसेन का बचपन भटकता है।

2010

# हुसेन का (न) जाना

*मैंने अपने जीवन में जो कुछ भी किया है, आसानी से हासिल किया जा सकता है। ईश्वर भेदभाव नहीं रखता।* : मक़बूल फ़िदा हुसेन

जिन्दादिल और जहीन, मनमौजी मगर मक़बूल, जिद्दी जबरदस्त, शर्मीले निडर, मज़बूत, लचीले मक़बूल फ़िदा हुसेन का इस दुनिया से रुख़सत होना, इन सब ख़ासियतों का एक शख़्स के साथ चला जाना नहीं है, बल्कि बिखर जाना है। अब शायद ही किसी एक व्यक्ति में यह सारे गुण देखने को मिले। मनुष्यों की दुनिया में हुसेन का होना निश्चित ही एक अजूबा रहा। हम सब उनकी अविश्वसनीय ऊर्जा और चित्रकला के लिये लबरेज़ लगन से अक्सर प्रेरणा पाते रहे। पिचानवें साल की उम्र में भी उनकी व्यस्तता और अपने काम के प्रति चौकन्नापन किसी भी युवा चित्रकार के लिये मनचाही मुराद की

तरह है। हुसेन की सक्रियता, सृजनात्मक क्षमता, आवारगी और मक़बूलियत अब दुर्लभ हुई। पिछले कई सालों की मुलाक़ातों में उनका स्नेह मेरे लिये ही नहीं, बल्कि युवा कलाकारों—साथ ही युवा कवियों—के प्रति भी मैंने कम होते नहीं देखा। वे उत्सुक रहे नयी उपलब्धियों के लिये। नये विचारों को सहज ही आत्मसात कर उसके विस्तार में चले जाना उनकी प्रतिभा का ही कमाल था। वे नयी कविता के प्रति अपनी रुचि अन्त तक बनाये रहे। पिछले बरस ही उनके अनुरोध पर मैं दस युवा कवियों की कुछ कविताएँ साथ ले गया था, जिसे उन्होंने सबसे पहले सुनना पसन्द किया। शेष खोज-ख़बर बची रही। हुसेन का कविता प्रेम का एक उदाहरण 1966 में स्वामीनाथन की पत्रिका 'कान्ट्रा' में छपी एक कविता से देना चाहूँगा, जिसमें हुसेन की कविता छपी, जो उनकी चित्र-भाषा से भरी है—

*मुझे अहसास है*
*रेम्ब्रां के चित्रों की तड़कन का*
*जिनके कत्थई मुझमें जलते हैं*

*हालाँकि*

*चट्टानी गेरू सी धूल से सने जूते*
*गहरे धँसे हैं*

*फिर भी*
*वह रेशमी सूरज वहाँ*
*मुझे तीखी आवाज़ देता है*

अनुवाद : शिवदत्त शुक्ल

अक्सर उनका फ़ोन आने पर मेरी पहली घबराहट यही होती थी कि अन्त में वे यह न कहें 'कल यहाँ आ जाओ, यहीं बात करते हैं'। उनका अधिकारपूर्वक कहना और उसके जवाब में जाने के अलावा कोई

चारा न होता। मैं ख़ुद फ़ोन करने में हमेशा डरता रहा कि वे इस अधिकार का इस्तेमाल न कर लें। मुझे नहीं पता कि अन्य युवा कलाकारों के साथ उनके सम्बन्ध किस तरह के रहे हैं, किन्तु यह विश्वास ज़रूर है कि वे भी उतने ही स्नेहिल अधिकार भरे होंगे।

मक़बूल की मक़बूलियत का कायल मैं ही नहीं सारा जहाँ है। मुझे नहीं याद पड़ता कि किसी भी चित्रकार ने अपने देश की कला के लिये इस क़दर रचनात्मक अन्तरराष्ट्रीय स्तर का योगदान दिया होगा। चित्रकला के लिये अनेकों चित्रकारों द्वारा ज़रूर कुछ न कुछ किया गया है और वे सब अपनी तरह से अनूठे चित्रकार रहे हैं। मक़बूल के लिये हम उन्नीस सौ सैंतालीस के नये-नये आज़ाद हिन्दुस्तान की समकालीन कला पर नज़र डालें, तो एक दो या कुछ प्रतिभाशाली चित्रकारों के अनूठे प्रयासों के अलावा पूरा कला संसार अँगरेज़ी ढँग की भारतीय चित्रकला के लिजलिजे, पिचपिचे, रूमानियत से भरे, भावुकतावादी ग्रामीण जीवन के अश्लील चित्रों से भरा पड़ा था।

यथार्थवाद की अधकचरी समझ की बदबू राजा रवि वर्मा के चित्रों से आती थी। इस कचरे की सफ़ाई का जिम्मा उठाने वाले युवा पीढ़ी के अधिकांश चित्रकार आज़ादी प्राप्त होते ही संसार के बड़े कला-केन्द्रों—पेरिस, लंदन और न्यूयार्क—की तरफ़ चल दिये। हुसेन हिन्दुस्तानी लोक संस्कृति की जीवनदायी रामलीला के पीछे-पीछे उन अनेकों गाँवों की यात्रा कर बैठे, जहाँ सादे, सहज, सरल; किन्तु जीवट जीवन से उन्होंने वह सब सीखा जो दुनिया के किसी कला-केन्द्र में सीखा नहीं जा सकता था। मक़बूल के चित्रों की ताकत, कथ्य की सपाट बयानी और अबूझ रहस्यात्मकता इन्हीं यात्राओं की देन रही होगी, वो सहज सरल होते हुए भी कला के कड़े मानदण्डों पर खरी उतरती रही, जहाँ विशेषज्ञता की कसौटी की कठिन परीक्षाएँ हुआ करती हैं।

भारतीय चित्रकला में मक़बूल फ़िदा हुसेन और स्वामीनाथन—ये दो ऐसे चित्रकार हुए हैं, जिन्होंने अपनी शर्तों पर काम किया। जिनके लक्ष्य हमेशा ऊँचे रहे, जिनका ध्येय कला का संवर्धन और उसकी पवित्रता रही है। स्वामीनाथन पर फिर कभी कहीं। यहाँ मक़बूल की बात करते वक्त मैं नहीं भूल सकता कि हुसेन को किसी बात के लिये राज़ी कर लेना आसान नहीं था, जबकि वे आसानी से नये विचारों के प्रति समर्पित हुआ चाहते रहे। ऐसे कई मौक़ों का गवाह रहा हूँ, जहाँ हुसेन ने अपनी ही शर्त पर काम किया और एक सीख भी दी कि 'कलाकार होने का लायसेंस' कब और कैसे इस्तेमाल किया जाना

चाहिये। वे उतना ही खुले थे जितना एक आसमान और किसी भी नये विचार को सोख लेने की क्षमता उनमें सूखी धरती पर गिरती पानी की बूँद की तरह रही, जहाँ से एक नया 'बिरवा' पैदा होने की सम्भावना हमेशा रहती है।

हुसेन की ज़िद ही आज समकालीन कला की दशा और दिशा तय कर रही है। आज भी एक नौजवान चित्रकला महाविद्यालय में प्रवेश के लिये हुसेन के जगाये आत्मविश्वास के साथ ही जाता है। उसके मन के भीतरी कोने में कलाकार की छवि हुसेन की ही है। यह अद्वितीय जगह किसी और भारतीय चित्रकार को प्राप्त नहीं है। हुसेन की सहज समझ ही उनसे वह सब करवाती रही है जिसका भरोसा उन्हें अपनी यात्राओं से मिला था। वे घटनाओं से सीधा सम्बन्ध उसी तरह बनाते रहे, जैसे एक आम आदमी अचम्भित या द्रवित होता रहा है। वे अमिताभ बच्चन को चित्रित करते वक्त उसकी फ़िल्मी छवि को छिटका चित्र छवि रचते हैं, जिसका नाम अमिताभ है। यह आसान काम नहीं है। अमिताभ की लोकप्रियता के बीच उस छवि को नष्ट करते हुए नयी छवि चित्रित करना हुसेन की अकल्पनीय प्रतिभा का ही प्रमाण है। उनकी रूप की समझ अद्वितीय है। वे कहीं से भी शुरू करते हुए कहीं भी रुकते हुए लगातार रूपाकारों के साथ खेलते हुए उन्हें रचते हुए बिगाड़ सकने की ताकत रखते रहे हैं। साथ ही बिगाड़ते हुए रचने की क्षमता रखते हैं। वे अकेले ऐसे चित्रकार हैं, जो चित्रण के दौरान ही रूप रचना करते चले जाते हैं, जिसका प्रमाण सिर्फ़ वही चित्र हो सकता है। दूसरा चित्र अगला रूप प्रमाण होगा। वे निरन्तरता की रचनात्मक प्रक्रिया से बिंधे थे, जिसमें जिस्मानी आराम हराम था। हुसेन को स्वामीनाथन अक्सर 'भीष्म पितामह' कहा करते थे। मुझे लगता है कि कर्त्तव्यपरायण होने की गहरी आत्मचेतना से जगे हुसेन भारतीय कला साम्राज्य के निर्धारक, पोषक, पालक और निर्माता रहे हैं। भीष्म पितामह की तरह कला संसार के प्रति कर्त्तव्य-बोध, कर्त्तव्य-नीति का पालन उन्होंने जीवन भर किया। वे अपनी सहज बुद्धि से यह सारे काम बग़ैर किसी दावे के करते रहे। वे बनाते रहे, रचते रहे और उसके सेहतमन्द होने की सलाहियत रखते रहे। यह सब वे 'गोरिल्ला छापामार' की तरह करते रहे।

वे विद्रोही थे, जिसका विद्रोह रचनात्मक था। वे पोर-पोर से स्वतन्त्रता को महसूस करते रहे, जो गुलामी के हर रेशे को नेस्तनाबूद करता जाता था। उनके लिये देश की स्वतन्त्रता उसके नागरिक की स्वतन्त्रता का गहरा अहसास रही, जिसे उन्होंने अपनी चित्रभाषा से रचा, महसूस किया और उसका अहसास दूसरों को कराया। उनकी आत्मचेतस् चित्रभाषा में शास्त्रीयता, परम्परा, समकालीन आधुनिकता का मिश्रण दर्शक

के लिये अक्सर कई समय को एक साथ महसूस करने जैसा रहा है। उन्होंने चित्रकारों के लिये आज़ाद मुल्क की स्वाधीनता का पाठ लिखा। उनकी दूरदृष्टि में साधारण जनजीवन की सांस्कृतिक चेतना भरपूर थी। वे आधुनिक होने की शर्तों पर पारम्परिक थे। उनकी चित्रभाषा समकालीन होते हुए पारम्परिक शास्त्रीय रचनाशीलता से निकली थी, जिसके विषय जनमानस में बसी मिथकीय समझ को सम्बोधित थे। वे कभी भी भारतीय समझ से बाहर नहीं गये, बल्कि उन्हें लम्बी सांस्कृतिक विरासत के अनछुए पहलू हमेशा प्रेरणा देते रहे, जिसके साथ उन्होंने हर बार एक नया सम्बन्ध बनाते हुए उसे पुर्नपरिभाषित किया। गजगामिनी फ़िल्म में कालिदास और सी.वी. रमण साथ-साथ हैं। शकुन्तला और गजगामिनी की युति अद्वितीय है। वे प्रेमचन्द और श्रीकान्त वर्मा के साथ अनायास ही अतिक्रमित रूप खोज लेने की प्रतिभा रखते थे। मक़बूल की अपनी समझ का कोई ऐसा दावा हमें नज़र नहीं आता, जहाँ वे निर्लज्ज घोषणा करते मिलते हों। उनके चित्र और छवि चित्र भी एक के बाद एक सृजनशील नैरन्तर्य का प्रमाण हैं, जहाँ वे निर्माणाधीन हैं। सक्रिय रचनाकार की तरह वे खामोश हैं, मुखर हैं अपनी चित्राकृति में।

पिछले साल अगस्त में हुई मुलाक़ात में हुसेन साहेब ने अपनी व्यस्तताओं को दरकिनार कर पूरा समय साथ गुज़ारा। उन दिनों वे लंदन में भारतीय संस्कृति, कतर में अरब संस्कृति, दुबई में भारतीय सिनेमा और घोड़ों के संग्रहालयों पर काम कर रहे थे। घोड़ों के संग्रहालय के लिये काँच के पाँच घोड़ों के शिल्प इटली की कार्यशाला में बना रहे थे। वे लगातार यात्राएँ और उसके बीच चित्रण कर रहे थे। उनका लंदन वाला स्टूडियो चित्रों से भरा हुआ था। चारों तरफ़ चित्र, रंग और ब्रश बिखरे हुए थे, बीच में यहाँ-वहाँ पुस्तकें और एक मेज़ पर घोड़ों के शिल्प का मैकेट, जो काँच में बनकर आया हुआ था, रखा था। वे जितने उत्साह से अपनी इन योजनाओं के बारे में बता रहे थे, उतनी ही जिज्ञासा से हिन्दुस्तान के बारे में ताज़ा जानकारी लेते जा रहे थे।

उनसे मिलने में एक ख़तरा अक्सर बना रहता था कि वे मिलने वाले को उसके बिना जाने ही अपनी रचनात्मकता में इतनी ख़ामोशी से शामिल कर लेते कि उससे बाहर निकलने के लिये उसे प्रयास करना होता था। उसके चले जाने पर भी वही निरन्तरता उनकी प्रेरणा बनी रहती। वे चित्र बनाते, चित्र पहनते, चित्र बिछाते-ओढ़ते रहते। उनके साथ रहना एक 'चित्र-संसार' में रहना है।

मेरे पहुँचने पर मेरे लिये चाय और आमलेट बनाकर लाना उनके उस बड़प्पन का परिचायक है, जहाँ

पहुँचने की उम्मीद अनेकों कलाकारों की होती होगी, किन्तु होता कोई एक है। यह भी आसान नहीं है किसी चित्रकार के लिये, कि वह मुझ जैसे 'खद्योत सम' के लिये अपना कामकाज छोड़ मुझे लंदन घुमाने ले जाए और रात एक बजे मुझे घर तक छोड़ आने की ज़िद करे। हुसेन साहब का आगाज़ और अन्दाज़ अविश्वसनीय रहा है। वे कब क्या करने वाले हैं, क्या कहने वाले हैं, इसका अन्दाज़ा लगाना मुश्किल है। वे अपने इन्हीं अनआभासित अचम्भों के चलते वह सब कर सके जिसकी प्रेरणा उन्हें—उन्हीं के शब्दों में कहूँ—"यहाँ मैं अकेला प्रतिभाशाली नहीं हूँ"—इस बात के अहसास से हमेशा मिलती रही है।

उनका जाना इन सारी योग्यताओं का बिखर जाना है। वे अद्वितीय हैं, अनूठे और अकेले मक़बूल हैं, जिस पर हम सब फ़िदा हैं। वे हुसेन हैं और रहेंगे आने वाली पीढ़ी के लिये भी और जाती हुई पीढ़ी के लिये भी।

2011

# मक़बूल और विस्थापन

मक़बूल फिदा हुसेन सम्भवतः अकेले ऐसे भारतीय चित्रकार हैं जिनके बारे में लगातार यह लिखा जाता रहा है कि उन्हें देश छोड़कर जाना पड़ा। वे विस्थापित हुए। क्या यह सही है? क्या हम इस विस्थापन को सांस्कृतिक सन्दर्भ में देख सकते हैं? यहाँ मैं भोपाल के मशहूर शायर, लेखक फ़ज़ल ताबिश के आत्मकथात्मक उपन्यास 'वो आदमी' का एक अंश उद्धरित कर रहा हूँ :

''एक जुमे के दिन, नमाज के बाद सुन्नी मुसलमान जामा मस्जिद से नमाज पढ़कर उतरे तो भोपाल के सारे बोहरों की दुकानें बीन-बीनकर लूट ली गयीं। क़सम कुरान की, मैं आज तक हैरान हूँ कि, मैं ही नहीं, उस दिन जामा मस्जिद में दस-बारह लोग अपने मुहल्ले के भी थे और किसी को कानों-कान ख़बर नहीं थी कि क्या होने वाला है! और मजीद ये : कि पूरी भोपाल रियासत में, बरेली से लेकर आश्टे तक, उसी एक वक़्त में, ये हो गया। और हरामीपन ये कि बोहरों के अलावा किसी और की दुकान का पटिया तक नहीं सरका,

अपनी जगह से। फिर जो लुट्टस मची, तो क्या शरीफ़, क्या कमीन, सभी कुछ न कुछ लूट लाए। बोहरों बेचारों की दुकानों में झाड़ू फेर दी, ख़ाँ, हरामियों ने।''

जब उनके चित्रों को अहमदाबाद में जलाया गया, उससे कुछ ही दिनों बाद संयोग से मेरी मुलाकात हुई। मैंने तथाकथित हिन्दू भक्तों के बारे में बात की और उनसे पूछा कि क्या आपको डर नहीं लगता कि कोई सिरफिरा शारीरिक नुकसान पहुँचा सकता है? वे बोले, नहीं मुझे हिन्दुओं से ख़ौफ़ नहीं। फिर वे बोले, मेरे चेहरे को ध्यान से देखिये, हम लोग बोहरा हैं और जब यमन में इस्लाम की शुरुआत हुई तो हमें काफिर कहकर मारा जाने लगा। उस वक़्त हमारे दादे-परदादों ने यमन छोड़ा और हिन्दुस्तान आकर बस गये। बदक़िस्मती से यहाँ भी इस्लामी शासन हो गया, तब हमारे समुदाय के सामने यह संकट आया कि क्या करें? हिन्दुस्तान छोड़कर यमन जा नहीं सकते कहीं और जाने का इन्तज़ाम नहीं दिख रहा, तब समुदाय की एक बड़ी बैठक हुई और यह निर्णय लिया गया कि हम लोग मुसलमानी तौर-तरीक़े अपनाकर उन्हीं की तरह रहने लगें। इस तरह हमने अपनी कौम की सुरक्षा के लिए ये बन्दोबस्त किया, जो बड़ा मददगार साबित हुआ। मेरे पीछे मुसलमान सन् साठ से पड़े हैं और उनसे मुझे ख़तरा है। हिन्दुओं के साथ मैं जाकर बात कर सकता हूँ। यहाँ किसी से बात नहीं की जा सकती। कोई सुनवाई नहीं है। सुलेमानी बहुत कुछ हिन्दुओं जैसे हैं। रीति-रिवाज़ ज़रूर मुसलमानी अपनाये, किन्तु सोच-विचार में बहुईश्वरवादी हैं।

ऊपर फ़ज़ल साहेब के उपन्यास अंश में जो आतंकित किया जा रहा है, निश्चित ही वह निन्दनीय है, किन्तु बोहरा समुदाय अल्पसंख्यक होने के कारण दूसरा उनका मिज़ाज मारकाट के बजाय ख़ामोशी से लबरेज है, वे शायद ही कभी मुसलमानों से आमने-सामने की लड़ाई में शामिल हुए हों। शायद ही कोई युद्ध मुसलमानों और बोहरों के बीच हुआ हो। वे यमन छोड़कर चले आये। क्या इसे विस्थापन माना जायेगा?

समुदाय के द्वारा लिये गये निर्णय का इतना गहरा असर हुआ कि बरसों बरस बाद भी आने वाली पीढ़ी उसे मानती रही है। यह बोहरा समाज के मानस में इतने गहरे उतर चुका है कि जब गीता कपूर ने हुसेन पर एक लेख लिखते हुए उन्हें मुस्लिम बोहरा समुदाय में जन्मा लिखा तो हुसेन ने अपनी षष्ठिपूर्ति के लिए बनाये गये कैटलॉग में इस अख़बार की क़तरन हूबहू छापी और उसमें दो सुधार किये, जिसमें से 'मुस्लिम बोहरा' में से 'बोहरा' शब्द उन्होंने काटा। दूसरा सुधार आगे आयेगा।

विस्थापन बहुत ही आधुनिक शब्द है। बीसवीं शताब्दी में इसका राजनैतिक इस्तेमाल भी बहुत हुआ। यह कुछ इतना ज़्यादा हो गया कि जीवन का हर मूल्य विस्थापित हुआ और मनुष्य की संकीर्ण मनोवृत्ति का पर्याय

बन गया। हर बात की गहराई विस्थापित हुई और इसी विस्थापन के दौर में भूमण्डलीकरण पर जोर दिया जाने लगा। याने अब स्थानीयता को भी विस्थापित करने की शुरुआत की जाने लगी। स्थानीयता, जो कलाओं की शक्ति की तरह दिखाई देता था, अब उसे भी टरकाया जाने लगा। कुछ नामचीन स्वयंभू संयोजक आ गये जिन्होंने कला में राजनीतिक विस्थापन को कला के केन्द्र की तरह स्थापित करना चाहा और अधकचरे Video Instalation की सुनामी आ गई। स्थानीयता, जो कलाकार के वैशिष्ट्य से सराबोर होकर उसके देखने को सार्वजनीन करती थी और उसका वैभव सार्वजनिक होता था अब एक तरह की सोच और भूमण्डलीय तथाकथित विस्थापित अनुभूति की बात करता नज़र आता है, जिसमें किसी तरह का अचम्भा नहीं है, किन्तु एक नकली संवेदना कि 'उनके दुख से हम दुखी हैं' से रूबरू होने की ललकार दी जा रही है। इसमें बड़ा हाथ उस विस्थापित कला विचार का भी है, जो कला के भूमण्डली होने के पक्ष में उसकी स्थानीय की सुन्दरता को नज़रअन्दाज़ कर रहा है।

जब हुसेन ने हिन्दुस्तान छोड़ा, तब क्या उन पर किसी तरह का दबाव था? या वे अपनी मर्ज़ी से छोड़कर गये? हमें उन दिनों के राजनैतिक घटनाक्रम पर नज़र डालनी होगी। हुसेन के बम्बई के जॉलीमेकर वाले घर जाकर बजरंग दल के कुछ गुण्डे तोड़-फोड़ कर आये। हुसेन लंदन से लौटकर आये, हिन्दुवादी नेता मिलिन्द नारवेकर जो उन दिनों अस्पताल में भरती थे, से मिलने चले गये कि ये क्या कर रहे हैं आपके लोग? नारवेकर हड़बड़ाकर पलंग पर उठ बैठे और हुसेन से बोले, आपने क्यों कष्ट किया, मुझे बोला होता मैं घर आ जाता। फिर कहा, आप निश्चिन्त रहिये, अब ऐसा नहीं होगा। जो हुआ उसके लिए मैं माफ़ी चाहता हूँ। उन्होंने हुसेन को आश्वस्त किया कि आप निश्चित रहिये, अब कभी आपको शिकायत का मौका नहीं मिलेगा।

इस घटना के कुछ बरस बाद लखनऊ के एक विधायक ने घोषणा की कि जो व्यक्ति हुसेन की उँगलियाँ काटकर लायेगा उसे एक करोड़ का ईनाम मिलेगा। इसका असर कुछ नहीं हुआ। एक हफ़्ता गुज़र गया। एक हफ़्ते बाद लखनऊ के ही एक मुस्लिम विधायक ने फ़तवा जारी किया जो हुसेन का सर काटकर लायेगा उसे तीन करोड़ का ईनाम मिलेगा। इस विधायक ने, जिसके पास इतने पैसे नहीं हैं, टेलीविज़न पर यह पूछने पर कि इतना पैसा कहाँ से लायेगा, निर्लज्जता से कहा, लोगों से इकट्ठा करेंगे। यह बवाल दोपहर भर मचा रहा। कुछ घण्टे टेलीविज़न पर नकली बहस चली, जिस पर अनेक विद्वानों ने नकली विचार जोरदार ढंग से रखे। पक्ष-विपक्ष, तर्क-कुतर्क से परे उस शाम हुसेन बम्बई छोड़ दुबई जा बसे। वे चाहते तो नहीं जाते। सरकार से अपनी सुरक्षा की माँग करते।

यह सब विस्थापन की तरह नहीं देखा जा सकता। हुसेन, जो इस बात के लिए जीवन भर पक्के रहे कि

हिन्दुस्तान में ही रहना है। वे उन दिनों भी नहीं गये, जब उनके साथी कलाकार आज़ादी के तीन साल के भीतर हिन्दुस्तान छोड़कर न्यूयार्क, पेरिस और लंदन जा बसे। हुसेन हिन्दुस्तान के गाँवों में गये और *रामलीला* के साथ-साथ घूमते हुए उन्होंने इस देश के मिज़ाज को समझा, लोगों के सोच-विचार से परिचित हुए। सांस्कृतिक वैभव और विभिन्नता के बीच *रामलीला* के चित्र बनाते और गाँव की दीवारों पर ठोक कर उस रात *रामलीला* का मज़ा लूटते। अगले दिन अगले गाँव में। हुसेन की यह जिद अनूठी थी और सम्भवतः महात्मा गाँधी के बाद वे दूसरे ऐसे भारतीय हैं जिसने हिन्दुस्तान की नब्ज़ पहचानी। लोगों को समझा। विभिन्नता और वैचारिक भिन्नता को जाना। ये सब उनकी रचनाशीलता का अंग बना।

यहाँ मैं हुसेन के स्वभाव को समझना चाहता हूँ। मुझे लगता है, हुसेन एक ऐसी ख़ास शख्सियत रही है जिसने इस तरह की स्थानीयता के भीतर अपने को महसूस किया और भरपूर जीया। वे भूमण्डलीकरण के शिकार नहीं थे किन्तु उनके मन में इस तरह की 'स्थानीयता' नहीं बची। किन्तु वे अन्त तक अपने अनुभव के आध ार पर खुद को बरतते रहे। वृहद भारत का अहसास भीतर अन्त तक बना रहा। एक दूसरा प्रसंग यहाँ प्रासंगिक है जिसमें हुसेन ने अपना जन्मस्थान बदल लिया। हुसेन के ऊपर पहली किताब उन्नीस सौ पचपन में आई जिसे बद्री विशाल पित्ती ने छापा। चालीस साल के हुसेन पर एक लम्बा आलेख फ़ैयाज़ ख़ान ने लिखा जिसमें हुसेन का जन्म स्थान इन्दौर ही है। यह 'इन्दौर' जन्मस्थान साठ साल तक रहता है। उस अख़बारी कतरन में हुसेन दूसरा संशोधन करते हैं, वो जन्मस्थान इन्दौर काटकर पण्ढरपुर लिखते हैं। अब यहीं से हुसेन अपनी जन्मस्थली के साथ खिलवाड़ शुरू करते हैं। इसके बाद दो अन्य किताबों में शोलापुर और दक्खिन भी जन्मस्थान की तरह दर्ज हो जाता है। मैंने उन पर छापी अन्य पुस्तकें, कैटलॉग ज़्यादा नहीं देखे और देखने पर शायद कुछ और जन्मस्थान जुड़ सकते हैं। इस तरह साठ साल के होने तक हुसेन किसी एक जगह जन्में कलाकार नहीं रह गये थे। वे अपने भीतर, इस दुनिया के फिर इस ब्रह्माण्ड के हैं, यह महसूस करने लगे होंगे तो सबसे पहले उन्होंने अपने को जन्मस्थान से मुक्त किया। हैदराबाद में उनके पिता की क़ब्र है, अतः वे दक्खिन में भी जन्में। पण्ढरपुर में माँ की मृत्यु हुई तो वे वहाँ के भी हुए। शोलापुर में माता-पिता की शादी हुई सो वहाँ भी वे ही जन्में और इन्दौर उनका जन्मस्थान था ही। यह सार्वभौमिकता का अहसास उन्हें उन सारी जगहों से जोड़ रहा था और उन्नीस सौ पचहत्तर तक यह ज़्यादा ज़रूरी हो गया था कि वे अपना 'बोहरा' होना छुपाये। वे अब ज़्यादा प्रसिद्ध और वध्य थे। उनके लिए अपनी पहचान छुपाना ज़रूरी था। उनके प्रशंसक और प्रशंसा से उत्पन्न ईर्ष्या धारक संकीर्ण मानसिकता धारकों की फ़ौज़ तैयार हो चुकी थी, जो उन्हें धमकी देना पहले ही शुरू कर चुकी थी।

हुसेन जब देश छोड़ रहे थे, तब उन्होंने शायद यह नहीं सोचा था कि इसे विस्थापन की तरह देखा जायेगा, प्रचारित किया जायेगा। वे बस चले गये। एक फतवे से दूर। यमन से चले आने वाले उन पुरखों की ज़मीन के आसपास। इसे हम घर-वापसी भी नहीं कह सकते। अब हुसेन का घर इन्दौर, मुम्बई, हैदराबाद, कलकत्ता, चैन्नई, दिल्ली आदि भर नहीं रह गया; अब वे दुबई, कतर, लंदन और न्यूयार्क में भी रहने लगे। जीवन के नब्बे साल वे हिन्दुस्तानी घरों में रहे और आख़िरी पाँच साल दुनियावी घरों में। फिर भी वे लगातार यात्राओं में लगे रहते। उनका घर वे ख़ुद हो चुके थे। उनकी स्थानीयता ही उनका सब जगह होना था।

जिस तरह उन्होंने जन्मस्थान को बदल लिया, ठीक उसी तरह अपने को देश के सन्दर्भ से मुक्त कर लिया। वे इस विश्व के नागरिक हो गये और वे हमेशा के लिए 'विस्थापित' जैसी छोटी राजनैतिक पहचान से बाहर चले आये।

एक बार मैंने उनसे दुबई में पूछा कि क्या आपको कभी नहीं लगता कि वापस आना चाहिए? वे बोले, नहीं ऐसा नहीं है कि मैं आना नहीं चाहता हूँ। मैं बनारस और मुम्बई कभी भी आ जाऊँ, किन्तु अब मैं सीधे नहीं आ सकता। अपने आने को छुपाना होगा। और बग़ैर बताए आकर चला जाऊँगा। वे शायद आना चाहते थे। वे अब 'भारतीय' होने से भी मुक्त होने वाले हैं, इसका अहसास हो चुका था। किसी एक दिन उनके भारतीय पासपोर्ट की मियाद ख़त्म हो गई और लगभग चौबीस घण्टे तक वे इस दुनिया के किसी भी देश के नागरिक नहीं हैं की तरह रहे। दुबई में यह अकेली घटना रही होगी और निश्चित ही अनजान भी। चौबीस घण्टे बाद उन्हें कतर की नागरिकता प्राप्त हुई ताकि वे राजनैतिक रूप से दुबई में रह सकें।

मनुष्य की मजबूरी है कि वह किसी देश का नागरिक हो। यह मजबूरी नकली है। प्राकृतिक नहीं। राजनीति की महत्त्वाकांक्षा 'छोटापन' हासिल करने की है, वह भविष्योन्मुखी नहीं हो सकती, किन्तु उसका दावा हमेशा करती है। उसे विस्थापित लोगों की राजनीति करना आसान नज़र आता है, क्योंकि विस्थापित लोगों की ज़रूरतें सीमित हैं। भिखारियों की तरह के मानव समूह को साधना किसी भी चतुर राजनीतिज्ञ के लिए मुश्किल नहीं है। इस इक्कीसवीं शताब्दी में जब हमें और सभ्य और सहिष्णु और विचारवान होना चाहिए, तब हम इसके बिल्कुल विपरीत पाते हैं मनुष्य को ज़्यादा असभ्य, असहिष्णु और अद्भुत रूप से मूर्ख। विद्वान मूर्ख।

मेरे ख़्याल से हुसेन आखिरी इन्सान होंगे जो अपनी पहचान को छुपाने में दो बार कामयाब हुए और एक रचनात्मक माहौल में बग़ैर किसी मुश्किल के अभिव्यक्त करते रहे।

हुसेन के परदादों का यमन से विपरीत परिस्थिति में यहाँ आना, जहाँ लोग उनकी जान के पीछे पड़े हैं और

हुसेन का यहाँ से वापस जाना भी उसी कारण होता है। फ़र्क़ इतना कि पहले पूरे समुदाय की सुरक्षा का सवाल था, बाद में अकेली जान के पीछे समुदाय था। क्या इसे हम विस्थापन कहेंगे? क्या इसी तरह स्वेच्छा से लिए गये निर्णयों में, जहाँ एक जगह से दूसरी जगह जाने की वजह जान बचाना है, विस्थापन कहा जा सकता है?

हमारी सांस्कृतिक समझ भी संकीर्ण होती जा रही है और इसी संकीर्णता के लिए राजनीति संघर्ष कर रही है। हमारे देश का यह दुर्भाग्य भी रहा है कि जहाँ उसने एक तरफ़ भूतो न भविष्यति, महात्मा गाँधी जैसा राजनेता दुनिया को दिया, दूसरी तरफ़ इतने छोटे नेता मिले कि वे पंचवर्षीय योजनाओं में ही मर-खप गये। उनके पास वो राजनैतिक समझ, वह दृष्टि, वह प्रज्ञा नहीं थी जो एक आज़ाद मुल्क को अपने भविष्य के लिए चाहिए थी। मात्र छियासठ वर्षों में मुल्क ज़्यादा साम्प्रदयिक, ज़्यादा धर्मान्ध, ज़्यादा भ्रष्ट, ज़्यादा गैरजिम्मेदार, ज़्यादा असहिष्णु और अधिक संकीर्ण हुआ है।

क्या कृष्ण का द्वारका छोड़कर वृन्दावन आ बसना उनका विस्थापन था? जीसस तीसरे दिन पुनः जी उठे और काश्मीर आ गये, ये विस्थापन है? या मोहम्मद मक्का से मदीना लौट आए, यह विस्थापन हुआ? हम जब तक यही समझते रहेंगे कि यह घर, यह मोहल्ला, यह राज्य, यह देश ही सारी दुनिया है, तब यहाँ से निकाला जाना या निकल आना ही इक्कीसवीं सदी का विस्थापन है, जो अब इस परिस्थिति का लाभ उठाने की राजनीति का कारण है। पहले भी हुसेन कहीं नहीं रहते थे। वे घर में चल रही पार्टी से उठकर बाहर जाते थे यह कहकर कि अभी आया और घण्टे भर बाद पता चलता था कि वे अब लखनऊ में किसी और पार्टी में शरीक हैं। वे कभी भी एक जगह के नहीं रहे। एक जगह के नहीं हुए। वे यायावर थे। यायावर रहे। और यायावर हैं।

15 दिसम्बर, 2015

# हुसेन और हसीना

पिछली मुलाक़ात में हुसेन के बीमार होने का लक्षण मुझे नज़र नहीं आया। बेन्द्रे का सौवाँ जन्मदिन मनाने से लेकर अन्य सभी गतिविधियों में हुसेन उतने ही तत्पर और सक्रिय थे जिस तरह अन्य अनेकों मुलाक़ातों में रहे। हुसेन की सृजनात्मकता का रहस्य उनका वर्तमान में रहने में छिपा है। पिछली बातों के प्रति उनका मोह नहीं था और वे भविष्य की योजनाओं के प्रति कभी चौकन्ने नहीं दीखे। वे व्यस्त रहा करते थे अपने कामों में। इन कामों की व्यापकता इतनी ज़्यादा हुआ करती थी कि आने वाला भी उसमें कब शामिल हो जाये, इसका अन्दाज़ उसे ख़ुद नहीं हुआ करता था? सम्भवतः उनके परिवार के लोग इसी कारण उनसे कुछ दूर रहा करते थे। वे भरपूर जीवन जीया करते थे। जिसमें अपना नया चश्मा लेने जाना हो या रवीन्द्रनाथ की कविताओं पर नई चित्र शृंखला के लिए रंग-ब्रश का जमावड़ा करना हो, वे रुचि और लगन से किया करते।

हुसेन मेरे लिए इस क़दर ज़िन्दा हैं कि उनके बारे में लिखते हुए 'थे' शब्द का प्रयोग ही मेरे लिखने की अड़चन बना हुआ है।

उस दोपहर राशिदा जी ने कीमा-चावल बनाया है, यह जानकर हुसेन रसोई से बाहर आये और मुझसे पूछा- 'आप सब कुछ खाते हैं ना?' मेरे हाँ कहने पर बोले- 'कीमा-चावल बना है, आइए थोड़ा खाना खा लेते हैं। रसोई में अपनी थाली छोड़ मेरे लिए परसने लगे। आप रोटी लेंगे? आपको मिर्च का अचार दूँ? आप मीठा क्या खाएँगे? आदि प्रश्न पूछते हुए वे मेरी थाली भरते जा रहे थे और मेरा ध्यान इन प्रश्नों के उत्तर देने से ज़्यादा इस पर अटक गया कि क्या मैं इतना खाना खा सकूँगा। बाबा ने मोहब्बत और फ़िक्र से मुझे ख़ूब सारा खाना खिलाने का अन्जाना जिम्मा उठा लिया था। वे निश्चिन्त हुए और मुझे मेरी थाली पकड़ाकर अपना थोड़ा-सा खाना लेकर बाहर चले गये।

उस दोपहर ख़ूब बातें कीं।

दुनिया जहान की बातें।

अपनी दुनिया और उसके जहान की बातें।

वे चुस्त-दुरुस्त थे।

वे साफ़ सुन सकते थे।

साफ़ बोल रहे थे।

उन्हें किसी तरह की परेशानी नहीं थी।

उनकी स्मृति की चमक देखी जा सकती थी।

वे मज़े से खा रहे थे कीमा-चावल। मैंने कभी उन्हें किसी चीज़ से परहेज़ करते नहीं पाया। समय पर जो मिला, खा लिया और अक्सर उन महँगी और साधारण-सी होटल या ठेले पर भी ले गये, वहाँ के किसी ख़ास व्यंजन खाने-खिलाने। सिर्फ़ एक फ़र्क़ मैंने पाया, जब वे सीढ़ियाँ उतर रहे हों या राह में कुछ अँधेरा हो, तब कन्धे पर हाथ रख लेते थे। पहली बार मैंने महसूस किया उनका सहारा लेना। पिचानवें बरस पुराना हाथ, उसकी गर्माहट, उनका स्नेह सब कुछ उस स्पर्श में फैला हुआ था।

वे स्वतन्त्र रहे - स्वच्छन्द नहीं। वे मस्त रहे - ग़मगीन नहीं। वे सक्रिय रहे, रचनात्मक संघर्ष के लिए हमेशा तैयार। उस दोपहर जब हम लोग खाने के बाद चाय पी रहे थे तब हुसेन अचानक बोले- 'आप एक और

किताब क्यों नहीं लिखते। मारिया प्रेम-प्रसंग पर। फिर वे अपनी झिलमिलाती स्मृति में से कुछ क़िस्से बीन-बीन कर सुनाने लगे।

मैं वह किताब नहीं लिख सकता। ये क़िस्से अधूरे थे। अधूरे रह गये थे। बाबा की इच्छा थी मैं अगले बरस कुछ जल्दी आऊँ। वे मुझे प्राग ले जाना चाहते थे। दिखाना चाहते थे वे जगहें, जहाँ मारिया और वे मिला करते थे। वो कॉफ़ी हाउस, वो डगर, वो घर, जो साक्षी थे उन दोनों के एकान्त के।

उन्हीं के सुनाये क़िस्से की कहानी कुछ इस तरह है, यह अधूरी है और रहेगी।

हवाई जहाज बादलों के बीच था और हुसेन मगन था कुछ पढ़ने में कुछ लिखने में। जब लिखता स्याही सूखने लगती। पेन ख़ाली हो जाता, हवाई जहाज था कि सोखना काग़ज़। हुसेन पहली बार जा रहा था वतन से दूर। साथ में तीस-चालीस चित्र थे, जिन्हें वहाँ फ्रेम करना-कराना था। हुसेन की चिन्ता चिता समान जल रही थी। कौन लोग, किस जगह, कैसा खाना, क्या बजाना, यह सब बियाबाँ था। हुसेन हड़बड़ाकर उठ गया। पीछे जाकर उसने पानी पीया। परिचारिका उसका पीना देख रही थी। दाढ़ी से बहता पानी और हुसेन का हुलिया देख वह समझ चुकी थी कि पहली बार का परेशान है। हुसेन परेशान नहीं था। उसे नई जगहों, अन्जान रास्तों पर चलने-जाने का शौक़ था। वो अपरिचितों से अपनों की तरह मिलता। उसके पाँव कहीं टिकते न थे। वह भटक रहा था। इस भटकने का सुख नौलख़ा बग़ीचे में ले चुका है। बुतुल और हुसेन किसी कोने में नहीं खो जाते थे। नौ लाख में से बचे हुए पेड़ों का जंगल अब एक कोना ही था जिसमें इन्दौर शहर के लोग जाने से कतराते थे और हुसेन बुतुल को लिए नौलख़ा बग़ीचे के हर कोने में भटक आया था। यहाँ जंगल नहीं होगा, यह सोचने के पहले ही हुसेन को जोर का झटका लगा। वह गिरते हुए सम्भला और परिचारिका ने तब तक उसे थाम लिया था। हवाई जहाज हिचकोले खा रहा था। बाहर हवा का दबाव गड़बड़ हो चुका था और अब हवाई जहाज किसी बस की तरह उछलता-मचलता चल रहा था, जैसे पत्थरों के बीच चल रहा हो। पास की कुर्सी पर हुसेन को बिठा परिचारिका ने बेल्ट बाँध लेने को कहा और ग़ायब हो गई।

बँधा-फँसा हुसेन प्राग के हवाई अड्डे पर उतरा, बारिश हो रही थी। भीगती ज़मीन पर भागता हुसेन हाथ में लिए चित्रों की चिन्ता में था। चित्र को सम्भालता भीगता हुआ वह हवाई अड्डे में दाख़िल हुआ। सुनसान हवाई अड्डा। सब कुछ ठण्डा और ठहरा हुआ-सा। कुछ दुकानें खाली सी। कम ही यात्री थे। जल्द ही वह अपना बैग ले बाहर आया तो एक ख़ूबसूरत-सी लड़की ने दस्तक दी। वह उसे लेने आई थी। दो भाषाओं पर अधिकार रखती थी और हुसेन के प्रवास में उसके साथ ही रहने वाली थी। नाम था 'मारिया'। मारिया को देखा

हुसेन मरा नहीं। पहली नज़र में प्रेम नहीं हुआ, मगर उसने अपना बैग मारिया के पास छोड़ा और सामने दीख रही दुकान की तरफ़ बढ़ गया। दुकान में तरह-तरह के सामान, शराब, सिगरेट थे जिन्हें कुछ दूसरे यात्री भी देख-ख़रीद रहे थे। हुसेन की नज़र एक भालू पर पड़ी। हल्का, नरम, गुदगुदा भालू अपनी गोल आँखों जैसी काली नाक लिए मुस्कुरा रहा था। हुसेन को भालू पसन्द आया, उसे ख़रीद मारिया के पास लौटा। मारिया पारिजात के फूल की तरह अपनी पँखुड़ियों में नारंगी दिल छुपाये खड़ी थी। उसे इस आदमी की हरकतें, हाव-भाव कुछ विचित्र दीखाई दे रहे थे। उसकी जल्दबाजी, हड़बड़ी और बहुत धीमी आवाज़ में न समझ आने वाली अंग्रेज़ी और सबसे आकर्षक उसकी लापरवाही। यह सब कुछ उसे अलग किये दे रहा था उसके अपने अनुभव से। उसकी बेतरतीब दाढ़ी भी मारिया की आँखों में खटक रही थी। मारिया दुभाषिये का काम करती थी। उसे कई लोगों से मिलना होता था। हुसेन उन सबमें अलग नज़र आ रहा था।

हुसेन की विचित्रता ही आकर्षण का कारण था।

हुसेन के लिए मारिया, बुतुल से लेकर अब तक मिलने वाली औरतों में सिर्फ़ बालों के रंग का फ़र्क़ लिये थी। बाक़ी आकर्षण अन्य औरतों समान ही था, जिसकी ओर झुकना और न गिरना हुसेन की आदत थी। उसकी आदत थी अपना झुकना बताने की। उसकी आदत थी अपना खड़ा रहना बतलाने की।

हुसेन ने भालू मारिया को भेंट किया- ''यह मेरी तरफ़ से''। सकपकायी और कुछ चकराई सी मारिया को यह भेंट पसन्द आई। छोटा-सा गुदगुदा मुलायम भालू अब उसके हाथों में था। वह धीरे से बोली- ''शुक्रिया''।

वे दोनों साथ चल दिये। हुसेन के लिए हवाई अड्डे के बाहर एक नयी दुनिया इन्तज़ार कर रही थी, जो उसके साथ ही चल रही थी।

मारिया के लिए हवाई अड्डे के बाहर तीस साल पुरानी दुनिया थी, जिसे वह बख़ूबी जानती थी। न जानती थी तो बस इतना कि यह शख़्स जो उसके साथ बाहर निकलने वाला है, उसकी मोहब्बत की गि.़्त में वह बेबस हो जायेगी। बाहर कदम रखते ही यह पुराना संसार नये ढंग से खिल उठेगा। वे दोनों एक साथ उस जहाँ में चले आये, जहाँ एक-दूसरे के लिए अपरिचित नहीं रह गये। वे बदल चुके थे प्रेमी-प्रेमिका के उस बरसों पुराने सम्बन्ध में, जिसे वे भी नहीं जानते थे कितना पुराना है। मारिया ने भी आदम और हव्वा के प्रकरण को याद करना मुनासिब नहीं समझा। हुसेन आदम था - आदमखोर नहीं। मारिया भी हव्वा थी - हवा नहीं।

वे पुरानी कार में बैठ उड़ चले, उस नये ज़माने की ओर जो शायद छः साल ही रहने वाला था। जिसमें

प्रेम का तकाजा नहीं आना था। इन छः सालों को एक पूरा जीवन चाहिये था, जो उन दोनों के पास भरपूर था। मारिया को अन्दाज़ा नहीं था कि वह शादीशुदा के साथ वह प्रेम कर बैठेगी और यह भी नहीं कि बाद में उसका धर्म ही उसे शादीशुदा से शादी करने से रोकेगा। हुसेन नहीं जानता था कार में जिसके साथ बैठा है, उससे वह अगले सात दिनों में अपने प्रेम का इजहार कर बैठेगा। उसे नहीं पता था कि अपने दोस्त बाल छावड़ा को अपनी ही पत्नी फाजिला से शादी के लिए राज़ी करना होगा। हुसेन को नहीं पता था, पेरिस में जब रज़ा और अकबर से शादी में दूल्हे के साथी की तरह शरीक होने को कहेगा, तब वे दोनों उसका मज़ाक उड़ायेंगे कि फिरंगी लड़की से शादी करके मरना क्यों चाहता है और बाद में दोनों ही फिरंगी लड़कियों से शादी कर जीवन बितायेंगे।

अगले दो-तीन दिन व्यस्त रहे। हुसेन दिन भर प्रदर्शनी की तैयारियों में लगा रहा। मारिया भी अपने काम से बाज नहीं आयी। बीच में कभी कुछ समय मिलता तो वे दोनों कॉफ़ी साथ पीते। आधा घण्टा साथ गुज़ार, फिर कामों के ढेर में बिंध जाते। दोनों को एक-दूसरे की लापरवाही सबसे ज़्यादा आकर्षित करती रहीं। मारिया देखती हुसेन के पास प्रदर्शनी के लिए किये जाने वाला काम इतना गम्भीर मसला नहीं है। किसी भी तरह काम अटकने पर हुसेन उसे कुछ दूसरी तरह कर लेता या उसका विकल्प खोज निकालता। दूसरे कलाकारों की तरह खीजता, न परेशान होता। वो सनकी है न बात-बेबात पर बुरा मानने वाला। उसके पास नाजायज माँगे नहीं है और उसकी जायज ज़रूरतें बेहद कम। गुस्सा होना, चीख़ना चिल्लाना जैसे उसे आता ही नहीं। लगता कि वो जानता है उसके चित्रकार को इन मानसिक बीमारियों की ज़रूरत नहीं। वह बस लापरवाह-सा ज़रूरी कामों को करना नहीं भूलता। मारिया को यही लापरवाही अपनी तरफ़ खीचें ले रही थी। हुसेन की कोई खब्त नज़र नहीं आई, न ही कोई नखरा जिसके लिए कलाकार जाने जाते रहे हैं। वह तो शराब भी नहीं पीता है, न ही सिगरेट उसे पसन्द है।

उधर हुसेन मुग्ध था मारिया की लापरवाही पर। वो अपने शरीर से बेख़बर थी। उसका ध्यान सब तरफ़ था। बस न था अपने शरीर पर। चित्र देखते हुए वह इतने नज़दीक आ जाती कि हुसेन को साँसें सम्भालने के लिए दूर हटना पड़ता या कि वह बात-बात में हुसेन का हाथ सहज ही पकड़ लेती। कहीं भी बेतकल्लुफ बैठ जाती। हुसेन को लगता इसे अपने शरीर की ख़बर ही नहीं है। वह जानती नहीं कब उसे कहाँ हाथ रखना है। हुसेन से ऐसा 'लापरवाह हुस्न' देखा न जाता था। उन रखे हुए हाथों की गर्मी उसे मदहोश किये जाती। हुसेन का ध्यान हाथों की गर्मी में होता और वह बाक़ी सब कामों के लिए चौकन्नी रहती, लगता उसे पता ही नहीं है कि उसका हाथ कहाँ तक गर्मी फैला रहा है। हुसेन के ठहरने, खाने-पीने और शहर घूमने-फिरने

के प्रबन्ध से लेकर प्रदर्शनी के निमन्त्रण, अख़बार-नवीसों के साथ मुलाक़ात और शहर के जाने-माने कलाकारों को फ़ोन पर निमन्त्रण की याद दिलाना आदि अनेक काम वह मुस्तैदी से निपटाती चलती। उसका शरीर इन कामों में मसरूफ़ नहीं दीखता।

इस लापरवाह आकर्षण के अंज़ाम से अनभिज्ञ हुसेन और हसीना अपने कामों में व्यस्त थे।

इस लापरवाही के आकर्षण की तरफ़ दोनों कुछ जानबूझकर चौकस, चाक-चौबन्द लापरवाह हुए जा रहे थे। दोनों ही उसके जाने-भुगते अंज़ाम तक जल्दी ही पहुँचना चाहते थे।

आख़िर वो दिन आ ही पहुँचा।

आज हुसेन की प्रदर्शनी का शुभारम्भ था।

मारिया ने सोचा आज ख़ुशी के इज़हार के बहाने वह उसे अचम्भित कर देगी।

हुसेन ने सोचा आज शुभारम्भ में वह मारिया को चकित कर देगा।

वे दोनों एक-दूसरे को पछाड़ना चाहते थे।

वे दोनों नज़दीक आने का मौका अपनी तरफ़ से खोलना चाहते थे।

दोनों ही नहीं जानते थे जीवन में साथ रहने के लिए समय सिर्फ़ छः साल का है।

आज प्रदर्शनी का उद्घाटन था। सारे मेहमान आ चुके थे। मारिया के चेहरे पर घबराहट थी। सुबह से हुसेन का पता न था। वो आज यहाँ आया न घर पर था। न ही कॉफ़ी हाउस में मिला, जहाँ वे दोनों बिला नागा मिला करते थे। वो परेशाँ थी हुसेन कहाँ चला गया? इन थोड़े से दिनों में वह हुसेन को पसन्द करने लगी थी। हुसेन सँजीदा था और साथ ही वह कई तरह के मज़ाक भी किया करता था। उसे अच्छा लगा, वह अपना मज़ाक भी उड़ाया करता था। कई बार वह धोखा खा जाती कि कब वह सँजीदा है और कब नहीं। भाषा भी एक समस्या थी। किन्तु हुसेन की विलक्षणता से उसका परिचय हो चुका था। वह मन ही मन हुसेन को चाहने लगी थी। वह जानती थी हुसेन भी उसे पसन्द करता है। हुसेन की एक आदत से उसका परिचय हुआ। वह बीच-बीच में उसे छोटे-से कार्ड पर कोई चित्र बनाकर देता और उस पोस्टकार्ड के पीछे एक कविता लिखी होती। अब तक कोई दस कार्ड वह लिख चुका था। पिछला कार्ड मारिया की जेब में ही रखा था। उस पर लिखी कविता अब तक कविताओं में सबसे अच्छी लगी। वह धीरे से कार्ड निकाल कविता पढ़ती है-

''मुझे आसमान की बर्फ़ ढँकी चादर भेजो
जिस पर कोई दाग़ न हो
तुम्हारी अनन्त उदासी के घेरे को
मैं सफ़ेद फूलों से
कैसे चित्रित करूँ?

जब मैं चित्र बनाने लगूँ
तो आसमान को अपने हाथों में पकड़ लेना
क्योंकि मैं अपने कैनवास के
फैलाव से अनजान हूँ।''

मारिया चकित थी इस कविता की रवानगी पर। उसे हुसेन पर लाड़ आने लगा था। इन पंक्तियों में वह मासूम दीखता और उसकी सोच इस मासूमियत से कोसों दूर थी। उसमें गहराई है, संशय है, मक़बूलियत है, जोख़िम उठाने का जुनून है। इसरार है और एक चित्रकार है जो मक़बूल है। हबीब है। पिछला पोस्टकार्ड उसने लिखा था-

''मेरे पत्र
जलती हुई आवाज़ों के निशान
पूरे महीने की बर्फ़ानी ठण्ड
तुम्हारे नक़्क़ाशीदार दरवाज़े के अन्दर
शायद आग बुझा दे
अपने दरवाज़े को ताला लगा लो
चाभियाँ एक तरफ़ फेंक दो
मेरा पत्र अनपढ़ा रहने दो।''

वह फिदा हो गयी थी इन पंक्तियों पर। हुसेन उसके दिलो-दिमाग़ पर छाया था। मारिया को हुसेन लापरवाह ज़रूर नज़र आता था, किन्तु ग़ैरजिम्मेदार नहीं। उसका अब तक न आना चिन्तित किये दे रहा था।

प्रदर्शनी हाल में लोग हुसेन के चित्रों को जिज्ञासा से देख रहे थे। उनके सामने पूर्वी संस्कृति का अबूझ संसार प्रदर्शित था। वे उसके बारे में कुछ और जानना चाहते थे और कलाकार था कि ग़ायब, मारिया उन्हें दिलासा दे रही थी, वो अभी आता ही होगा।

इधर हुसेन नाई की दुकान में बैठा अपनी लम्बी दाढ़ी कटवा रहा था। आज का दिन उसके लिए ख़ास था। हिन्दुस्तान से बाहर उसकी पहली प्रदर्शनी थी। वो मारिया को अचम्भित करना चाहता था। उसके दिमाग़ में कई योजनाएँ घूम रही थीं, किन्तु वह सन्तुष्ट नहीं था।

मारिया भी हुसेन के न आने से परेशान थी। उसे उम्मीद न थी कि हुसेन अपनी पहली प्रदर्शनी के शुभारम्भ पर कहीं और चला जायेगा। काफ़ी देर हो चुकी थी और हुसेन का पता न था। इसी बीच एक व्यक्ति ने आकर उसे हैलो कहा। मारिया ने उसकी तरफ़ ध्यान न दिया और वह दरवाज़े की तरफ़ देखती रही।

'मोहतरमा आदाब'

इस बार वह चौंक उठी। आवाज़ कुछ जानी-पहचानी थी। उसने गौर से आगन्तुक की तरफ़ देखा, वह कुछ समझ न सकी। कद-काठी पहचानी लगी, किन्तु चेहरा बिल्कुल ही अपरिचित।

हुसेन ने फिर एक बार आदाब किया।

मारिया चौंक गई। उसके सामने हुसेन खड़ा था। दाढ़ी-मूँछें साफ़। एक बढ़िया-सा काला सूट नीली टाई पहने हुसेन मारिया को देख मुस्कुरा रहा था। मारिया ठगी-सी रह गई, फिर सम्भली और धीरे-से हुसेन को कहा 'जोकर'।

फिर मुस्कुराते हुए प्रदर्शनी में आये लोगों से मुखातिब हुई। मारिया ने हुसेन का परिचय दिया और हुसेन से कुछ बोलने को कहा।

हुसेन ने मुस्कुराते हुए मारिया को देखते हुए कहना शुरू किया : "दोस्तो, इस प्रदर्शनी के सारे चित्र मैं यहाँ मौजूद हसीना मारिया को भेंट करता हूँ।"

बिना दाढ़ी और सूट-बूट में हुसेन ने उसे चकित ज़रूर किया, किन्तु उसकी सुन्दरता दाढ़ी में ही है, यह मारिया को लगा। अब उसने प्रदर्शनी के सारे चित्र भेंट में दे दिये, यह उस दिन का दूसरा अचम्भा था। मारिया चकित-सी हुसेन को देखने लगी। इस आदमी का दिमाग़ तो ठीक है ना?

पहले दाढ़ी कटा आया।

फिर फितरत के ख़िलाफ़ सूट पहना।

चमकीली नीली टाई भी बाँध ली।

अब सारे चित्र?

यह प्रेम में है या इसके अलावा भी कुछ है।

मारिया सोच रही थी। विचार भाग रहे थे।

वह मुग्ध थी।

हुसेन ने पूरी प्रदर्शनी के चित्र उसे भेंट कर दिये। यह उसे ख़ुशी से भर गया। वह अपने को कुछ ख़ास समझने लगी।

उसका मन महक रहा था।

वह शान से चलती हुई हुसेन के पास गयी और उसे चूम लिया। यह चुम्बन गहरा और लम्बा था। दोनों के लिए सनसनी था।

इसके बाद उस शाम हुसेन और मारिया प्रदर्शनी में 'पति-पत्नी' की तरह घूमते-मिलते-बतियाते-महकते-चहकते रहे।

दोनों के चेहरों की चमक इन चित्रों का अर्थ गूढ़ कर रही थी।

हुसेन को पता नहीं था, यही मारिया शादी से इन्कार करेगी।

मारिया को पता नहीं था, यही हुसेन उसके प्रेम में अपनी पत्नी को तलाक देने की योजना बनायेगा।

वे दोनों प्राग की गलियों में भटका करते। मारिया की नौकरी हुसेन के साथ रहने की थी और हुसेन की प्रदर्शनी का समापन, शुभारम्भ के साथ ही हो गया था। वे घूमा करते उन बग़ीचों में जहाँ चौकीदार बने पुतले बैठाये गये थे। मारिया इन पुतलों का इतिहास सिर्फ़ हुसेन का साथ चाहने के लिए बतलाती रहती, जिसे हुसेन सुनता हुआ अनसुना करता रहता। वे दोनों घूमते-भटकते जा पहुँचते उन चाँदनी रातों में, जहाँ तारों की चमक आँखों में आ बसती। जहाँ वे भूल जाते चाँद, चाँदनी और इन तारों की चमक। दोनों एक मदहोश आलम में घूमते रहते। यह आलम स्वर्ग में सेवफल खाने के बाद, ईश्वर के जानने के पहले का आलम है। ईश्वर

भी अपने इस विशाल बग़ीचे में सेव के वृक्ष की रखवाली करने नहीं बैठे थे। उन्हें भी छः बरस लगे होंगे इस बात को जानने में कि आदम और हव्वा ने ज्ञान का फल खा लिया है और अभी तक इसी स्वर्ग में रह रहे हैं।

इसी ज्ञान से मारिया ने जाना कि उसका धर्म इसके धर्म से अलग है। इसी ज्ञान की भाषा में मारिया ने हुसेन से छः बरस बाद स्वर्ग से निकलते हुए कहा- 'हम तुम साथ नहीं रह सकेंगे। हमारे धर्म अलग हैं।' वे दोनों धरती पर आ गये।

हुसेन के पैरों तले ज़मीन नहीं सरकी। न ही देवदास बन वो शराब का दास हुआ। मारिया के खुलेपन की कोई किरच उसे घायल कर सकती है, तभी उसने बाल छाबड़ा को तैयार किया कि फ़ाज़िला से नकली निकाह के लिये। यदि उसका ब्याह मारिया से नहीं हुआ, तब बाल तलाक दें ताकि फ़ाज़िला से पुनः निकाह कर सके।

सुलेमानी सम्प्रदाय में पत्नी को यदि तलाक दे दिया है तब उसके साथ दोबारा ब्याह एक ही वजह से हो सकता है कि वो भी तलाकशुदा हो। दुविधा में डूबे बाल को निकाह की नौबत नहीं आई। हुसेन को भी स्वर्ग से निकलने में देरी नहीं हुई।

मारिया के प्रेम में डूबा-उड़ा हुसेन मारिया से ब्याह की तैयारी कर रहा था। उसने उड़ान भरी लंदन के लिए। मारिया के लिए शादी को जोड़ा ख़रीदा और प्राग जाने के लिए फॉक्स वेगन की मशहूर 'बीटल' कार और जा पहुँचा पेरिस। यहाँ उसके दो-तीन दोस्त थे जिन्हें वो अपनी शादी के लिए साथ ले जाना चाहता था। लंदन में सूजा ने पहले ही मना कर दिया था। रज़ा और अकबर पदमसी से वो मिला और दोनों को साथ चलने को न्यौता दिया। वे दोनों पहले तो ख़ूब हँसे, फिर मज़ाक़ उड़ाया, फिर मना कर दिया साथ आने से। हुसेन ने इन बातों को गम्भीरता से नहीं लिया। वो उड़ चला अपनी बीटल पर जर्मनी के घने जंगलों, पर्वतों और नदियों को लाँघता-नापता। उसका मन उसके आगे-आगे उड़ा जा रहा था। वह देख पा रहा था अपने आशंकित मन को उड़ते हुए। यदि मारिया ने मना कर दिया तो?

मारिया ने हाँ कहा तब वह फ़ोन पर फ़ाज़िला को तलाक देगा। बाल गवाह होगा और वो मारिया को लेकर कई बरस बाद होने वाली 'मुम्बई' आ जायेगा। मारिया मुम्बई में। वाह! क्या बात है। फ़ाज़िला के फज़ल से अब तक उसकी आवारगी पर कोई लगाम न थी। वह इतने सालों में कितना कम रहा है अपने घर में। किन्तु मारिया को मुम्बई दिखायेगा। ले जायेगा काला घोड़ा ईरानी होटल पर चाय पिलाने, जहाँ मक्खन के साथ डबल रोटी मिलती है या वड़ा पाव खिलाने के बहाने चौपाटी घुमा लायेगा। रीगल में सिनेमा दिखायेगा,

मिनर्वा में नाटक। जहाँगीर में चित्र और प्रिंस ऑफ़ वेल्स म्यूजियम में दिखायेगा मालवा के मिनिएचर। वह नहीं छोड़ेगा कोई मौका मारिया को घुमाने का।

उसका मन उड़ता चला जा रहा था।

वह उड़ चला भविष्य के उन अनजान अध्यायों की तरफ़।

वहाँ हुसेन ने देखा।

हुसेन व्यस्त है अपनी आवारगी और मुसव्विरी में। समय का सीधा हस्तक्षेप दीखाई दे रहा है। पिचासी साल के हुसेन को ख़बर मिलती है मारिया अपने पति के साथ आस्ट्रेलिया जा बसी है। इन सालों में हुसेन न कभी प्राग गया, न मारिया की खोज ख़बर की। पिछले पचास सालों में मारिया ने भी कोई जतन नहीं किया हुसेन को जानने का। हुसेन का शादी-प्रस्ताव ठुकराने के बाद हुसेन शादी का जोड़ा और कार की चाबी उसे देकर चला आया, सो अब तक नहीं लौटा। मारिया ने जब शादी की तो वही जोड़ा पहना और उसी कार से अपने पति को हनीमून के लिए ले गयी।

बरसों बाद हुसेन ने मारिया को एक बार फिर चकित कर दिया। अचानक आस्ट्रेलिया उसके घर पहुँच कर। मारिया ने अपने पति और बड़े हो चुके बच्चों से मिलवाया। हुसेन दो-तीन दिन वहीं रहा। इन तीन दिनों में पचास सालों का लेखा-जोखा दोनों के लिए मुश्किल ही रहा बखान करना। हुसेन जो बता रहा था, उसे जानने में मारिया की दिलचस्पी नहीं थी और मारिया ने जो कहा वह हुसेन ने सुना नहीं।

जब हुसेन वापस चलने लगा। मारिया ने, वे अस्सी चित्र जो छः सालों के इश्क के गवाह थे, हुसेन से उसे भेंट में प्राप्त हुए थे, लौटाते हुए कहा : ''ये भारत की धरोहर है, इस पर मेरा कोई अधिकार नहीं है, मैं इसे लौटाती हूँ।''

पिचासी साला हुसेन के पास शब्द नहीं थे। मारिया का प्रेम आज भी उतना ही है। पिछले पचास सालों में बहुत कुछ बदल चुका था। हुसेन अब भी उतना ही सक्रिय और सरल दीखा। हुसेन का आशिक अब ज़्यादा परिष्कृत हो चुका है। मारिया भी जानती है हुसेन के देश-प्रेम को और देश से बाहर किये जाने को। हुसेन उन चित्रों को लिए लौट आया। मारिया से मिलकर उसे सुकून नहीं मिला। अब फ़ाज़िला भी नहीं है। हुसेन अकेला है। उसके साथ सिर्फ़ चित्र हैं, जिनका वह क्या करेगा?

ये अस्सी चित्र हुसेन ने दुबई में अपने घर के एक कमरे में लगा रहे थे। इन चित्रों को मुझे दिखाते हुए यह कहानी अपनी जुबानी सुनाई।

2010, लंदन में, जब हम लोग मिल रहे थे, तब हुसेन को या मुझे भी अन्दाज़ा नहीं था, यह हमारी आख़िरी मुलाक़ात है। इस मुलाक़ात में हुसेन ने दो वादे किये और वे दोनों अधूरे रह जायेंगे, यह उन्हें पता न था। मुझे भी चूँकि पता न था कि ये मुलाक़ात अन्तिम होने वाली है, इसलिए मैंने भी उन बातों को, उन तथ्यों को लिखा नहीं - जो इस कहानी को विस्तृत रूप दे सकते थे।

हुसेन की इच्छा थी कि मैं उनके जीवन के इन छः सालों को लेकर एक उपन्यास लिखूँ।

हुसेन ने वायदा किया कि वे अगले साल मेरे साथ प्राग चलेंगे और ले जायेंगे उन जगहों पर, जहाँ उनका इश्क परवान चढ़ा।

उनका यह वादा पूरा नहीं हुआ, इसलिए उनके द्वारा किया गया दूसरा वादा बतलाने का मेरा मन नहीं है।

21 अगस्त, 2012